U0585752

经典悦读
系列丛书珍藏版

法律的合法性审视

——马克思「《莱茵报》政论文章」如是读

赵金英◎著

广东人民出版社
· 广州 ·

图书在版编目（CIP）数据

法律的合法性审视：马克思"《莱茵报》政论文章"如是读／赵金英著. —广州：广东人民出版社，2023.9
（经典悦读系列丛书）
ISBN 978-7-218-16437-3

Ⅰ. ①法…　Ⅱ. ①赵…　Ⅲ. ①政论—马克思著作研究　Ⅳ. ①A811.64

中国国家版本馆CIP数据核字（2023）第001293号

FALÜ DE HEFAXING SHENSHI——MAKESI "《LAIYINBAO》ZHENGLUN WENZHANG" RUSHI DU

法律的合法性审视——马克思"《莱茵报》政论文章"如是读

赵金英　著

出　版　人：肖风华

出版统筹：卢雪华
选题策划：曾玉寒
责任编辑：廖智聪
封面设计：李桢涛
插画绘图：李新慧
责任技编：吴彦斌　周星奎

出版发行：广东人民出版社
地　　址：广州市越秀区大沙头四马路10号（邮政编码：510199）
电　　话：（020）85716809（总编室）
传　　真：（020）83289585
网　　址：http://www.gdpph.com
印　　刷：广州市豪威彩色印务有限公司
开　　本：787毫米×1092毫米　1/32
印　　张：4.125　**字　　数：**85千
版　　次：2023年9月第1版
印　　次：2023年9月第1次印刷
定　　价：23.00元

如发现印装质量问题，影响阅读，请与出版社（020-85716849）联系调换。
售书热线：020-87716172

目录

导言　法律不一定合法

　　讲法治，得从什么是真正的"法"开始，得从什么样的法律才是法治所需要的法或法律开始。法本身得是靠得住的，得是良法、善法。恶法、坏法不会带来法治，反而会走向法治的对立面，从根本上摧毁人们对法治的期望、阻碍法治建设的进程。问题的关键是，什么样的法律才是良法、善法，才是法治所需要的真正的法律？

　　读青年马克思刚进入社会时所写下的一系列政论文章，对我们思考这个问题有重要启示。1841—1843 年，大学期间学习法律专业的马克思，拿到博士学位后获得的第一份工作，也算是他一生中最正式的工作，就是做《莱茵报》的编辑。在这段时间，他写了若干篇政论文章发表在《莱茵报》上，包括《评普鲁士最近的书报检查令》《关于新闻出版自由和公布省等级会议辩论情况的辩论》《关于

法本身得是靠得住的，得是良法、善法。
恶法、坏法不会带来法治，反而会走向法
治的对立面。

良法与恶法

林木盗窃法的辩论》《论离婚法草案》《区乡制度改革和〈科隆日报〉》《摩泽尔记者的辩护》等，这些文章基本上是围绕着法律问题展开的，直接针对的是普鲁士当局制定或修改的法律及其制度。

马克思主义法学理论的专业研究者，会很容易否定或忽视这些早期文本的价值，把它们当成青年马克思的练笔之作，并认为它们是不成熟的作品，或者只是将它们当做成熟的历史唯物主义法学形成的阶段性环节。美国学者欧鲁菲米·太渥（Olufemi Taiwo）关注到了这个情况，他指出，"马克思主义法律理论总体上忽视了这些著作，或者认为它们对马克思法律观的长远发展没有重要意义，或者甚至认为它们对马克思的启示思想也同样没有意义。就一种准确的、适切的马克思主义法律理论而言，这种态度很容易轻视文本所暗含的意义"①。

如果我们立足于现代社会的法治实践，就会看到这些文本的当代意义和价值。马克思关于书报检查令与新闻出版自由、林木盗窃法律、离婚法律、

① ［美］欧鲁菲米·太渥著，杨静哲译，《法律自然主义：一种马克思主义法律理论》，法律出版社 2013 年版，第 8—9 页。

区乡权利平等的批判等问题的文章，绝对不是仅在当时有效的政论文章，而是能够穿越时空、对今天的法律观念与法律实践有建设性意义的经典文献。

以今天的视角来看，我们会惊讶地发现，貌似杂乱的文本包含着"法与法律关系"的主题、"法律合法性"的命题，涉及法律与法、法律与自由、法律与利益、法律与思想、法律与伦理等论题，其中的很多论题再也没有出现在马克思之后的文本中。

在全面依法治国的当今时代，推进马克思主义法理学、法哲学研究，应该重读这些文章，挖掘其中的理论深意和当代价值，以观照今天的法治观念与实践。

一、"法律的形式"与"真正的法律"

> 书报检查法只具有法律的形式。新闻出版法才是真正的法律。
>
> ——《关于新闻出版自由和公布省等级会议辩论情况的辩论》

1．何谓法，何谓法律？

研读马克思的《莱茵报》政论文章，可以找到一条主线，那就是关于法与法律、"真正的法律"与"法律的形式"的区分。在《关于新闻出版自由和公布省等级会议辩论情况的辩论》一文中，马克思从对当时普鲁士成文法律的审视出发明确指出："书报检查法只具有法律的形式。新闻出版法才是真正的法律。"[1]

---

[1] 《关于新闻出版自由和公布省等级会议辩论情况的辩论》，《马克思恩格斯全集》第 1 卷，人民出版社 1995 年版，第 175 页。

书报检查法当然是法律，是由当时的普鲁士制定的法律，具有法律效力，但马克思却说它只具有法律的形式，即使千百次地作为法律而存在，也永远不是合法的。用今天的话来表达，这就是"法律有可能不合法"的问题。

关键在于，如何理解其中的"法"与"法律"。

在德文中，法与法律都来自"Recht"。这个词有两个层面的意思，一个是指"权利"，与之对应的是人权（Menschenrechte）、女权（Frauenrechte）等；另一个就是指"法律"，与之对应的有经济法（Wirtschaftsrecht）、民法（Zivilrecht）、劳工法（Arbeitsrecht）等。

正是因为此，这个词在中文翻译中比较复杂，经常被翻译为"法权"以包含这两种意思，有的时候则只翻译成"法"或"权利"，讲"法哲学"的时候其实也可以理解为"权利哲学"。

我们也知道，在中文语境下，"法"与"法律"有时候是不做区分的，当说到某某法的时候也就是指某方面的法律，我们说一个人违法了，就一定是违反了具体的某部法律。但有时候我们也是区分法与法律的，比如我们会说政府行为甚至法院、某部法律的合法性、正当性问题，其中合法性的"法"就不能用法律来代替，更多指向是否合乎正义、自由这些价值理念。

国内有学者曾对马克思使用的法与法律范畴做过学理化的概括："在马克思那里，法与法律是有所区别的两个范畴。法是反映社会主体在经济关系运行过程中产生出来的需要和利益的权利要求，这种权利要求在社会生活实践中反复多次，逐渐定型化，进而成为应有的权利体系；而法律则是一种国家意志，是占统治地位的那个阶级意志的集中体现，是体现国家意志要求的实在法律规范和秩序体系。一般来说，法与国家权力并无直接的必然联系，不能把权力看作是法的实在基础；而法律则与国家权力有着直接的必然的联系，法律所具有的普遍性、规范性和国家强制性、国家意志性等特征，正是以国家权力为后盾的。"①

可以简单理解，马克思所讲的"法"，实际上是理想意义上的法律，它是从社会成员的权利维度

---

① 公丕祥：《马克思法哲学思想论要》，载《中国社会科学》1990年第2期。

理想的法律

出发的，代表着权利、自由、公平、正义等理念，代表着法律应然性的一面；与之相对应，法律则是现实存在的法律，它主要是从国家的规范维度来讲的，是由国家出台的实在法、成文法，代表着法的实然性的一面。

2. 法与法律的对立统一

把法律作为法的实然性的一面，把法作为法律应然性的一面，实际上强调了法与法律统一的一面。权利（法）、自由（作为自由权而言）与法律确实是统一的，没有法律也就没有权利可言，没有权利也就没有法律存在的必要。法律的设立本身是为了保障社会成员的权利，人们对个人权利的追求、对公平正义的追求总是要通过法律来保障的。

只是，人类社会的法律实践往往不是如此，某些历史阶段、某些国家制定的法律会成为少数统治者的工具，侵犯民众的权利、带来社会不公，这就势必造成一些人站在权利（包括自由、正义）的立场上而对抗法律，宣告法律本身的不合法性（其实是不合权利、不合自由、不合正义性），造成法与

某些历史阶段、某些国家制定的法律会成为少数统治者的工具，侵犯民众的权利、带来社会不公。

某些法律成为统治者的工具

法律的割裂，造成"法律不合法"的局面。

这意味着，法与法律的关系会出现两种情况。一种情况是两者是一致的，这就是黑格尔所讲的"法和法律是内容与形式的关系"，马克思也表达了这一观点，法代表着权利、自由、正义等理念，通过法律规范这一形式来体现，法构成法律的内容，法律则是表现法的形式。

另一种情况是两者是对立的，一些法律只具有形式而不具有内容本身，即它有明确条文，但没有内容，不是保障权利、自由和正义，它背叛了法。这就是马克思所讲的书报检查法只具有法律的形式，只是形式上的法律，而不是真正的法律，是非法的。

这种对法与法律的区分确实容易使人想到自然法传统，有一些学者就是把马克思的法哲学（甚至把整个马克思主义法哲学）都归入到自然法传统中，把法与法律分别对应于自然法和实在法（成文法）。

欧鲁菲米·太渥（Olufemi Taiwo）就认为，在马克思的理论中，法有客观法（对应自然法）与实在法（成文法或立法机关制定的法律）之分，"我们在描述马克思的本质主义方法论时发现了一种二元论，而这种二元论也影响着他对法律的分析。在实在法之外存在着客观法，客观法是实在法的本质；实在法（立法机关制定的法规）只不过是在某种程度上对客观法——这一本质——的实现，它们的实证性来源于它们被制定的过程。由于客观法的参与，实在法才成为法律，所以客观法是实在法的根据。只要实在法背离此本质，它们的地位就会被贬低"①。

众所周知，自然法学说的特点是，不把成文法当成唯一的法律形态，而是强调成文法之外具有更高位阶的自然法。按照这种理论，我们不能否定这个时期的马克思对法与法律的区分与自然法传统的相似性，他说的法可以对比为自然法或客观法，法律可以对比为成文法或实在法。

但是，也不能认定马克思关于法与法律的观点就一定是自然法的延续。自然法学说是把法律二元化地分成两种类型，马克思并没有将法与法律进行形而上学的割裂，只是对同一种类型的法律进行是

---

① ［美］欧鲁菲米·太渥著，杨静哲译，《法律自然主义：一种马克思主义法律理论》，法律出版社 2013 年版，第 21 页。

否具有合法性的判断，而且这种判断标准不仅包括自然法中的神化自然、抽象理性、自由意志等，还包括是否是维系少数人的特权和物质利益等更为现实的标准，尤其是当马克思掌握历史唯物主义方法论之后，更是摆脱了自然法中的抽象理性的东西。

自然法传统使自然法与成文法出现了一条似乎永远无法弥合的裂缝。在这种理论中，自然法永远是自然法，成文法永远是成文法。马克思对法律与法的区分，并没有否定法律转化为法的可能性，一些法律，比如新闻出版法是真正的法律，也就是法。现实中法律与法之间确实存在距离，但这不是无法弥合的鸿沟，法与法律的统一应该要实现而且也必然会实现。

3. 为何要区分法与法律？

将马克思对法与法律的区分，与自然法传统进行对比，不是为了对比而对比，而是要看到马克思对法与法律区分的现实意义。只有理解了法与法律的二元区分，才能理解马克思为什么要从事法哲学批判、法律批判，才能够明白马克思主义虽然看似在批判法律、批判法学，但实际上追求的是法律的合法化，是对真正的法律进行思考。

马克思质疑的是现存的法律，但并没有质疑法本身。这种对法律不合法的批判，实际上追求的是法律是良法、善法。马克思赋予了自己的理论以重要的任务，那就是要让现存的法律、即将出现的法律，别只是具有"法律的形式"，而是成为"真正的法律"。

法律被制定出来，但并不一定是真正的法。马克思曾引用孟德斯鸠的话："有两种腐败现象，一种是人民不遵守法律；另一种是法律本身使人民腐败；后一种弊病是无可救药的，因为药物本身就包含着这种弊病。"[①] 这说明，法律可能会颠倒黑白，也说明了对法律本身进行合法性审视的重要性。

马克思对法与法律区分的价值，在于它让我们保持对法律进行必要反思。不是什么法律都是可以信任的，要对各种以法的形式具体存在的法律规范进行合法性审查。人们要遵守已经制定的法律或实

———————————

① 《关于林木盗窃法的辩论》，《马克思恩格斯全集》第 1 卷，人民出版社 1995 年版，第 245 页。

在法，但如果这种法律本身根本不值得遵守，成为侵犯一部分人权利、维系社会不公平正义的工具，我们是否还应遵守它？

马克思提供了不盲目信任法律的依据，有利于人们辨识一项法律是良法还是恶法，不断反思法的价值如何实现这一问题。恶法不是法，崇尚法律、信仰法律，不代表不去追问法律本身是否值得崇尚，是否值得信仰。如果一种恶法支配了社会，那越完善的法律制度，就越会对社会带来伤害。

法和法律的区分，甚至对立是现代社会需要解决的问题，不要在追求法治的过程中，只是通过不断立法达到了法律之治而没有上升到真正的法治。法和法律的区分，实际上就是要解决法的应然和实然之间差距的问题，让法律中的权利、自由、正义的价值理念真正照进现实。

既然对马克思来说，法律必须有一个合"法"的问题，不是所有的法律都可以称为法。那什么样的法律才是法，才是符合法治要求的法？什么样的法律根本不能叫法，根本不是真正的法律？判断的依据和标准是什么？读青年马克思的这些政论文章，我们会得出几个方面的启示。

如果一种恶法支配了社会，那越完善的法律制度，就越会带来对社会的伤害。

恶法体系的危害

二、法律不是创造的而是表述的

立法者应该把自己看作一个自然科学家。他不是在创造法律，不是在发明法律，而仅仅是在表述法律，他用有意识的实在法把精神关系的内在规律表现出来。

——《论离婚法草案》

1. 什么是"事物的法理本质"？

在马克思看来，法律"是事物的法理本质的普遍和真正的表达者。因此，事物的法理本质不能按法律行事，而法律倒必须按事物的法理本质行事"①。

"事物的法理本质"是什么？

---

① 《关于林木盗窃法的辩论》，《马克思恩格斯全集》第 1 卷，人民出版社 1995 年版，第 244 页。

立法者仅仅是在表述法律

简单说，它就是事物本身所内在的、不随人的意志所转移的客观本性，是对象世界所固有的内在的规律。与事物的法理本质对应的，是人的主观目的和意图、意志。在这里，还不能把法理本质完全理解为客观的规律，"法理本质"的"法"是客观的理性，法理本质是人类理性的自然规律，是精神关系的内在规律，是普遍理性、理念的东西。中国俗话说，"法律之内，应有天理人情在"，法理本质与天理人情倒是有相似之处。

马克思所讲的"事物的法理本质"还带有黑格尔"绝对精神"的痕迹。事物本身还是作为思想的客体，其本质也是绝对精神的环节。在《〈莱茵报〉编辑部为〈论新婚姻法草案〉一文所加的按语》中，马克思明确指出，婚姻法"只研究同意和反对离婚的个别理由已经不够了，还必须阐述婚姻的概念和由此概念产生的后果"①。从概念或理性出发，看待婚姻现象，按照婚姻概念来制定婚姻法和离婚法，这显示出马克思显然还是受黑格尔法哲学的影

---

① 《〈莱茵报〉编辑部为〈论新婚姻法草案〉一文所加的按语》，《马克思恩格斯全集》第 1 卷，人民出版社 1995 年版，第 315 页。

响，强调法的客观精神实质，强调法律是基于人类理性的自然规律。

但还是要看到，马克思所讲的"法理本质"，已经隐约地有了事物本身发展客观规律的内涵。"人们在研究国家状况时很容易走入歧途，即忽视各种关系的客观本性，而用当事人的意志来解释一切。但是存在着这样一些关系，这些关系既决定私人的行动，也决定个别行政当局的行动，而且就像呼吸的方式一样不以他们为转移。"① 可以这样理解，对事物法理本质的强调，强调的是对社会客观必然性的认识和反映，强调必须遵循事物本身内在本质和规律。

2．法律必须按事物的法理本质行事

事物的法理本质不会按法律行事，而法律却必须按事物的法理本质行事。基于事物法理本质而不是凭借主观设想制定的法律，才是法，才是真正的法律。

---

① 《摩泽尔记者的辩护》，《马克思恩格斯全集》第1卷，人民出版社1995年版，第363页。

马克思正是依据这种理解，批判当时的普鲁士邦法不是按照事物内部的规律而是按外部的主观目的来改造、安排、调节的，因此是建立在无内容的、理智的抽象上的，"邦法不是按照对象世界所固有的规律来对待对象世界，而是按照任意的主观臆想和与事物本身无关的意图来对待对象世界"①。

法律必须符合客观法则而不是主观的任性，随心所欲地臆想出来的法律不可能是法，由个别人、立法者的意志、任性臆想而成的法律不能成为法。法不应由个别人的意志决定，应由社会客观事物的法理本质决定。

马克思在《〈科隆日报〉第 179 号的社论》中，认为以前的法哲学家是根据个人意志或理性来看待国家制度的好坏。"从前的研究国家法的哲学家是根据本能，例如功名心、善交际，或者虽然是根据理性，但并不是社会的而是个人的理性来构想国家的。"② 而 "现代哲学持有更加理想和更加深刻的观

---

① 《〈莱茵报〉编辑部为〈论新婚姻法草案〉一文所加的按语》，《马克思恩格斯全集》第 1 卷，人民出版社 1995 年版，第 317 页。

② 《〈科隆日报〉第 179 号的社论》，《马克思恩格斯全集》第 1 卷，人民出版社 1995 年版，第 228 页。

点，它是根据整体观念来构想国家的。它认为国家是一个庞大的机构，在这里，必须实现法律的、伦理的、政治的自由，同时，个别公民服从国家的法律也就是服从他自己的理性即人类理性的自然规律。"①

法治要求所立的法要符合事物的客观本性、理性精神，要防止使用当事人的意志和臆断解释一切。法律不是立法者任性的规定，不是一厢情愿、出于美好愿望去制定的。公民个人意志对法律的认可与否，取决于法律是否是人类理性的自然规律，取决于法律是否是社会整体观念的构想，因此要反对根据个别人的意志空想出来的法律制度。相反，来源于个人功利心、忽视社会客观整体观念的法律制度，是任性的法律制度，它违背了人类客观理性，必然不能得到个人的遵守。

在谈到婚姻法和离婚法时，马克思实际上也持这一观点："离婚无非是宣布某一婚姻是已经死亡的婚姻，它的存在仅仅是一种假象和骗局。不言而

---

① 《〈科隆日报〉第179号的社论》，《马克思恩格斯全集》第1卷，人民出版社1995年版，第228页。

法律不是立法者任性的规定，不是一厢情愿、出于美好愿望去制定的。

法律不是立法者任性的规定

喻，既不是由立法者的任性，也不是私人的任性，而是只有事物的本质才能决定，某一婚姻是否已经死亡；因为大家知道，宣告死亡取决于事实，而不取决于当事人的愿望。"① 婚姻法不是由立法者的任性和当事人的愿望决定，而是取决于婚姻关系的实际状况。

违背事物规律的法律会带来巨大危害。在《关于林木盗窃法的辩论》中，马克思认为，如果把捡拾枯枝的行为称为盗窃林木，法律就违背了盗窃林木和捡拾枯枝行为的规律，就会沦为"合法谎言"，穷人就会成为法律的牺牲品。捡拾枯枝行为与盗窃林木行为的内容和形式不同，不顾这种本质上的差别，把两种行为都称为盗窃，并且都当作盗窃来惩罚，就好比将盗窃定性为谋杀一样不公平。法律因此逃避了说真话的普遍义务，实际上就是撒谎。

法的本质是事物的规律性，因此法律应反映现实，根据现实状况来制定，不能不顾现实状况。在《区乡制度改革和〈科隆日报〉》一文中，马克思在

---

① 《论离婚法草案》，《马克思恩格斯全集》第1卷，人民出版社1995年版，第348页。

探讨城市的区和农村的乡的权利是否应该分开来对待时，马克思得到了一个很重要的结论："法律只能是现实在观念上的有意识的反映，只能是实际生命力在理论上的自我独立的表现。"[1] 马克思认为当时莱茵省的城市和农村并没有分开，因此就不能颁布分开的法律，如果颁布的话，法律就脱离现实，它也只能宣布自己的无效。

此时的马克思，是从规律的层面思考立法的，已经关注到法内在的规律性、现实性，并已经开始思考社会现实对法的影响的问题。当然，他还没有看到客观的经济社会关系决定了法律的内容和形式，此时的他只是关注法律应该成为什么样的法的问题，而没有解决法律从何处来的问题。

3．作为自然科学家的立法者

基于事物的法理本质来制定法律，马克思提出了一个关于立法的重要观点，"立法者应该把自己

---

① 《区乡制度改革和〈科隆日报〉》，《马克思恩格斯全集》第1卷，人民出版社1995年版，第314页。

看作一个自然科学家。他不是在创造法律，不是在发明法律，而仅仅是在表述法律"①。立法者并不创造、发明法律，它只披露和表述法律。马克思实际上提出了一个非常有价值的立法理论，可以称为"法律的表述论"，与之对应的则是"法律的创制论""法律的发明论"。

这样的观点，很容易给人一种印象，好像法律本来存在于社会现实中，立法者只需要拥有善于发现本来就存在的法律的眼睛就够了。实际上，马克思强调的是，立法不能从人的意志而应从客观本性着手，不能是任性、随意制定，必须反映现实，根据现实状况来制定，即抓住对象的本质、内在规律来制定法律。立法只是"表达"客观法则，法律只是事实的公认，应该顺应社会发展现实来立法，而不是人为地制造与客观现实相悖的法律。

从哪里可以直接发现法律？答案是，从良善习惯中发现。马克思认为，最自由的立法就是把已有的法表述出来提升为最普遍的东西，而习惯就是已

---

① 《论离婚法草案》，《马克思恩格斯全集》第 1 卷，人民出版社 1995 年版，第 347 页。

有的法，就应该把它表述出来使其成为法律。

也就是说，法和法律的中间环节是习惯，是合理的、良善的习惯，法正是通过这种良善习惯成为法律。"在实施普通法律的时候，合理的习惯法不过是制定法所认可的习惯，因为法并不因为已被确认为法律而不再是习惯，但是它不再仅仅是习惯。"① "习惯所以成为合理的，是因为法已变成法律，习惯已成为国家的习惯。"②

这里马克思发现了法律与习惯的关系。法律源于习惯，法律追求的是公平正义的价值准则，而习惯则是人们生活行为的基本规范，是不同群体自觉普遍遵循的行为规则。俗话说，"习惯成自然"，重要的社会习惯有可能被整合进法律体系中——这被称为习惯法。

从法律和习惯的关系来看，习惯并不具有当然的法律效力，习惯需要立法机关和法官赋予其法律约束力，不能根据政府命令直接运用习惯，否则就

① 《关于林木盗窃法的辩论》，《马克思恩格斯全集》第 1 卷，人民出版社 1995 年版，第 249 页。

② 《关于林木盗窃法的辩论》，《马克思恩格斯全集》第 1 卷，人民出版社 1995 年版，第 250 页。

法律源于习惯，法律追求的是公平正义的价值准则，而习惯则是人们生活的行为基本规律。

法律与习惯

是"习惯的不法行为"。

实际上，法律与习惯是共生促进的关系。"法律实施久了就成为人们的一种习惯"。所以法律和习惯不是片面的一方是否能够改变另一方的关系，而是一种相互依存相互影响的关系，离开法律谈习惯，或离开习惯谈法律，都是孤立而片面的。在全面依法治国的今天，恰恰需要的是把法律变成习惯。

三、法律作为自由的肯定存在

法律只是在受到践踏时才成为实际有效的法律，因为法律只是在自由的无意识的自然规律变成有意识的国家法律时，才成为真正的法律。哪里法律成为实际的法律，即成为自由的存在，哪里法律就成为人的实际的自由存在。

——《关于新闻出版自由和公布省等级会议辩论情况的辩论》

1. 自由的系统和不同种类

在《评普鲁士最近的书报检查令》一文中，马克思写道："你们赞美大自然令人赏心悦目的千姿百态和无穷无尽的丰富宝藏，你们并不要求玫瑰花散发出和紫罗兰一样的芳香，但你们为什么却要求世界上最丰富的东西——精神只能有一种存在形式呢?"①

这段话表明了马克思对人的自由的强调,对压制自由的强烈抗议。马克思此时的自由观受到当时理性自由主义影响,他认为,自由首先是服从自己意志的潜在自由,但他同时也认识到,自由应当是现实的自由。自由是人本身所固有的东西,但是如果沉迷于幽静孤寂,醉心于淡漠的自我感觉,脱离实际生活而陷入抽象,并不能获得真正的自由,真正的自由是现实政治经济和社会生活的自由。马克思说:"自由不仅包括我靠什么生活,而且也包括我怎样生活,不仅包括我做自由的事,而且也包括我自由地做这些事。不然,建筑师同海狸的区别就只在于海狸是披着兽皮的建筑师,而建筑师则是不披兽皮的海狸。"②

马克思还谈到了自由的系统和自由的不同种类。他将自由看作一个有体系的整体,他此时已

① 《评普鲁士最近的书报检查令》,《马克思恩格斯全集》第 1 卷,人民出版社 1995 年版,第 111 页。

② 《关于新闻出版自由和公布省等级会议辩论情况的辩论》,《马克思恩格斯全集》第 1 卷,人民出版社 1995 年版,第 181 页。

经运用联系的、整体的思维方式看待相互联系的自由，他认为存在着不同种的自由，不同种的自由又有着不同的尺度、标准和领域。"行业自由、财产自由、信仰自由、新闻出版自由、审判自由，这一切都是同一个类即没有特定名称的一般自由的不同种。但是，由于相同而忘了差异，以至把一定的种用作衡量其他一切种的尺度、标准、领域，那岂不是完全错了？"①

自由体系中有核心自由、边缘自由，普遍存在的自由、特殊群体的自由，普遍存在的自由属于一般自由，下设不同的类，每一类自由又有不同的种。这些自由是有位阶的，他们分为低级别的自由和高级别的自由。在马克思看来，新闻出版属于"头脑行业"，代表的自由是较高级别的自由。"如果把新闻出版仅仅看成一种行业，那么，它作为头脑的行业，应当比手脚的行业有更多的自由。"②"既然自由的较高级的形式都被认为不合法，它的

①　《关于新闻出版自由和公布省等级会议辩论情况的辩论》，《马克思恩格斯全集》第 1 卷，人民出版社 1995 年版，第 190 页。

②　《关于新闻出版自由和公布省等级会议辩论情况的辩论》，《马克思恩格斯全集》第 1 卷，人民出版社 1995 年版，第 188 页。

低级形式自然应当被认为是不合法的了。"① 不同领域的规律是不同的，存在自由的差异，无论是较高级形式的自由还是低级形式的自由，都应该得到法律的保障，而较高级形式的自由的合法化更为重要。

2. 法律不是压制自由的措施

保障人的自由而不是侵犯约束人的自由的法律，才是法，才是真正的法律。马克思认为："法律不是压制自由的措施，正如重力定律不是阻止运动的措施一样……法典就是人民自由的圣经。"② 马克思界定真正的法律的标准是其会肯定自由，他认定法律的本质是自由，它惩罚的是不尊重自由的行为。它不是要否定自由，而是要确认自由，用法律形式使自由获得承认。

马克思指出："法律只是在自由的无意识的自

---

① 《关于新闻出版自由和公布省等级会议辩论情况的辩论》，《马克思恩格斯全集》第 1 卷，人民出版社 1995 年版，第 190 页。

② 《关于新闻出版自由和公布省等级会议辩论情况的辩论》，《马克思恩格斯全集》第 1 卷，人民出版社 1995 年版，第 176 页。

然规律变成有意识的国家法律时，才成为真正的法律。"① 一种法律为什么能成为真正的法律而不只是法律的形式，是因为它是肯定自由的存在，它将本来的自由的无意识的自然规律变为有意识的国家法律。真正的法律为保障人的自由而生成，为防止人的自由被侵犯而出场。自由是法律的目的，违反自由原则、以限制自由为目的的法律不是法。

马克思正是根据国家法律是否体现自由来判断新闻出版法和书报检查法到底哪个才是真正的法律。新闻出版是人类自由的实现，新闻出版法惩罚的是滥用自由，书报检查法则是对自由的蹂躏，它把自由当成罪犯，是惩罚自由的法律。因此，马克思提醒，不能被书报检查法的法律规范本身所迷惑，因为这套法律规范是违背自由原则的，是在冠冕堂皇的名义之下对自由的侵犯，所以它不能算是真正的法律，而新闻出版法是真正的法律，因为它是肯定自由的存在。

正如马克思所言："从观念的角度看来，不言

① 《关于新闻出版自由和公布省等级会议辩论情况的辩论》，《马克思恩格斯全集》第 1 卷，人民出版社 1995 年版，第 176 页。

而喻，新闻出版自由和书报检查制度的根据是完全不同的，因为新闻出版自由本身就是观念的体现、自由的体现，就是实际的善；而书报检查制度是不自由的体现，是假象的世界观反对本质的世界观的一种论战，它只具有否定的本性。"① 当时的立法者即使立的是恶法，也会加以美化，可以引用马克思的话来形容这种恶法，揭穿其运用的伎俩。"奴隶贩子的美妙论据是，鞭打可以唤起黑奴的人性；立法者的高明准则是，为了使真理更加英勇地追求自己的目的，必须颁布压制真理的法律。"②

马克思认为法律属于事后惩罚，法律出场以自由被侵犯为前提。法律并不是社会生活的充分必要条件，它是在自由被侵犯时被创造出来的，实际上讲的是法律是对自由的救济，"法律在人的生活即自由的生活面前是退让的，而且只是当人的实际行为表明人不再服从自由的自然规律时，自然规律作

---

① 《关于新闻出版自由和公布省等级会议辩论情况的辩论》，《马克思恩格斯全集》第 1 卷，人民出版社 1995 年版，第 166 页。

② 《关于新闻出版自由和公布省等级会议辩论情况的辩论》，《马克思恩格斯全集》第 1 卷，人民出版社 1995 年版，第 174 页。

为国家法律才强迫人成为自由的人"[1]。

为了论证法律的事后惩戒性，马克思打了一个比喻，把法律的出场比喻成医生看病的过程："人体生来就是要死亡的。因此，疾病就不可避免。但是，人们为什么不是在健康的时候，而只是在生病的时候才去找医生呢？因为不仅疾病是一种恶，而且医生本人也是一种恶。"[2]

自由是人的正常状态，不自由则是疾病状态，法律是在不自由的疾病状态下出现的治疗疾病的工具。健康的时候人们不会找医生，自由的时候不会找法律，只有自由被侵犯的时候才会找法律。

3. 法律规定的自由限度

自由是人自身的本性，但真正按照人类生活的规律即人类理性的自然规律行事才是真自由。国家法律对自由予以认可和保护，实际上是对人类生

---

[1] 《关于新闻出版自由和公布省等级会议辩论情况的辩论》，《马克思恩格斯全集》第 1 卷，人民出版社 1995 年版，第 176 页。

[2] 《关于新闻出版自由和公布省等级会议辩论情况的辩论》，《马克思恩格斯全集》第 1 卷，人民出版社 1995 年版，第 177 页。

活、人类理性的自然规律的认可和保护。要避免在谈论自由的时候，走向对自由的滥用。令我们欣喜的是，马克思此时已经涉及法律规定的自由的限度问题了。

马克思指出："各种自由向来就是存在的，不过有时表现为特殊的特权，有时表现为普遍的权利而已。"① 古往今来，自由实际上一直都存在，但当自由成为少数人拥有的权利时，实际上就已经成为特权。谈论自由，问题的关键是自由是个别人物的特权，还是普遍的人的权利。

这给我们的启示在于，在追求自由权时，要防止的是为少数人的特权做合法性辩护，使法律不是保护普遍的权利，而成了强化少数人的特权的存在。

自由的一极是特权，另一极则是任性。在《论离婚法草案》中，马克思从婚姻本身出发，思考婚姻自由的问题。他对以幸福主义的名义让夫妻轻率离婚的做法持反对态度，认为这种做法仅仅想到夫

---

① 《关于新闻出版自由和公布省等级会议辩论情况的辩论》，《马克思恩格斯全集》第 1 卷，人民出版社 1995 年版，第 167 页。

妻两个个人，而忘记了他们的家庭。关于离婚的法律不能只注意夫妻的个人意志或者任性，也必须注意到婚姻的意志，也就是夫妻关系的伦理实体。

婚姻问题为什么会成为立法的对象，正是因为有家庭的存在。婚姻的问题不是两个人的问题，不是两个人的离散，而是家庭的离散。立法的对象是以家庭为基础的婚姻，没有家庭，两个人的婚姻就像友谊一样不是立法的对象。子女、财产不能用随心所欲的意愿和臆想来处理。

对自由的强调会走向任性，会使保障自由的法律成为保障任性的法律。在婚姻自由方面，马克思批判了两种任性，一种是立法者的任性，一种是私人的任性。立法者用臆想代替事物的本质是任性，私人违反婚姻的本质肆意妄为离婚也是极端任性。"谁任意地使婚姻破裂，那他就是声称，任性、非法行为就是婚姻法"①。

立法者在婚姻立法中，不能凭借主观臆想，而应立足婚姻伦理关系的本质规律，婚姻伦理关系不

---

① 《论离婚法草案》，《马克思恩格斯全集》第 1 卷，人民出版社 1995 年版，第 347 页。

仅仅是夫妻双方的事情，由不得夫妻双方任性，这种伦理关系的产生、变更、消灭要尊重家庭成员的利益和权利。

因此，婚姻法首先是肯定结婚自由的，只要结婚行为不是被迫产生，那么婚姻领域的自由权就可以获得保障。但是夫妻双方对伦理关系的变更不能任性，得服从婚姻法，不能随意离婚，这又是婚姻自由的限度。评价这种相对严格的离婚法，不能主观地去责难，认为它违反了人的自由原则，因为这正是法律对婚姻自由限度的确证。

四、对于思想来说没有法典

对于思想来说，既没有法庭，也没有法典。可见，我们是把恶劣思想的存在和恶劣行为的存在对立起来的；对于恶劣思想来说，并没有法庭，至于那些恶劣行为，如果它们是违法的，那就会有审理它们的法庭和惩治它们的法律。

——《〈科隆日报〉的告密和〈莱茵—摩泽尔日报〉的论争》

1. 法律只针对人的行为

对思想倾向的限制就是对自由的侵犯，法律保障人的自由，但必须明确法律本身的界限。法律只能针对人的行动、行为，而不能针对人的思想。在马克思看来，约束规制人的行为而不是人的思想、倾向的法律，才是法，才是真正的法律。

马克思不止一次强调法律不应该把人的思想作为对象。马克思指出，"对于思想来说，既没有法庭，也没有法典。可见，我们是把恶劣思想的存在和恶劣行为的存在对立起来的；对于恶劣思想来说，并没有法庭，至于那些恶劣行为，如果它们是违法的，那就会有审理它们的法庭和惩治它们的法律。"①

马克思认为，法庭只对恶劣行为做出判断，且处理此种恶劣行为必须以"违法"为前提，并依据法典的内容做出裁判。一个人的思想恶劣但是并没有付诸行动，并不会威胁到此人所处的社会关系，不会触及公平正义等法的价值，因此对于法庭里的法官和制定法律的立法者来说，恶劣思想是与恶劣行为"对立的"，并不一致，应该受到法律惩罚的是违法的恶劣行为。

这种观点建立在思想与行为区别的基础之上。俗话说的"好心办坏事""无心插柳柳成荫""善意谎言"等，都是在说思想与行为不一定一致。思想支配行为，行为未必能够实现思想的目的，行为

---

① 《〈科隆日报〉的告密和〈莱茵—摩泽尔日报〉的论争》，《马克思恩格斯全集》第 1 卷，人民出版社 1995 年版，第 418 页。

思想支配行为，行为未必能够实现思想的目的，行为达到了好的效果未必就是思想提出的要求。

思想与行为

达到了好的效果未必就是思想提出的要求。恶劣思想不一定产生恶劣行为，相反，恶劣行为也未必一定是恶意伤害。"腹诽""莫须有"等以思想定罪的荒谬案件，与法治原则相违背，至今仍对法治建设具有警示意义。

马克思说："只是由于我表现自己，只是由于我踏入现实的领域，我才进入受立法者支配的范围。对于法律来说，除了我的行为以外，我是根本不存在的，我根本不是法律的对象。我的行为就是法律在处置我时所应依据的唯一的东西，因为我的行为就是我为之要求生存权利、要求现实权利的唯一东西，而且因此我才受到现行法的支配。"①

法律面前的"我"特指我的行为，不包括我的思想倾向。法律以处在社会关系中的人的行为为调整对象。因为行为是权利的载体，人的现实行动才是主张权利、要求利益、履行义务的媒介。法律对权利义务的规定也是表述为人的行为状态。因此法的内容必然通过人的行为方式体现。

---

① 《评普鲁士最近的书报检查令》，《马克思恩格斯全集》第 1 卷，人民出版社 1995 年版，第 121 页。

可以说，法律上的人格与现实中的人并不一致。法律上的完整人格必须具有行为能力，仅仅在法律上享有权利能力的人并不能独立行使权利，不能承担相应法律责任。现实中的人的行为并不是都能上升为法律行为的，处于法所调整的社会关系中的行为才是法律行为。

2. 以思想倾向为对象是恶法

对思想倾向的限制就是对自由的限制。追究思想倾向的法律会让法律的形式脱离它要维护的自由的内容，会造成立法的形式同内容相矛盾。正如马克思所说，"追究倾向的法律，即没有规定客观标准的法律，是恐怖主义的法律"①，"凡是不以当事人的行为本身而以他的思想作为主要标准的法律，无非是对非法行为的实际认可。"②

以人的思想倾向问题作为违法要件，就是把主

①《评普鲁士最近的书报检查令》，《马克思恩格斯全集》第 1 卷，人民出版社 1995 年版，第 120 页。

②《评普鲁士最近的书报检查令》，《马克思恩格斯全集》第 1 卷，人民出版社 1995 年版，第 120 页。

观臆想作为法律调整对象，那么认定违法的标准必然是非客观性的，不以客观行为和实际利益损害为判断标准，必然带来强者压迫弱者的暴力法律，因此是"恐怖主义的法律"。所以，把人的思想、倾向作为对象，实际上就是非法行为，这样限制了思想自由的法律也就是不合法的法律。

对人的思想的判断标准是主观的，任何违法行为的主观要件都是以客观行为作为评价标准的。以现在的眼光看，法律对主观因素的考察，要从动机、意图、精神状况等方面看犯罪动机、侵权主观意图、善恶程度、精神好坏、营利目的等心智倾向，这些主观状态都是以客观行为表现出的证据痕迹作为认定依据，没有行为表现的思想倾向当然不存在客观的评价依据。

马克思以书报检查令为例，提醒人们不能被书报检查法的法律规范本身所迷惑。书报检查法禁止作者怀疑个别人或整个阶级的思想，形式上是捍卫国家的权益，却要求书报检察官把公民分成可疑的和不可疑的两种，剥夺别人批评的权利。

马克思曾用一个很形象的比喻来说明这个问题，他说："书报检查制度甚至还不是一个按照病情使用不同内服药物的高明医生。它只是一个乡下的外科郎中，治疗一切病症都用那唯一的万能工具——剪子。它甚至还不是一个想使我康复的外科郎中，它是一个施行外科手术的唯美主义者；我身上的东西只要它不喜欢的，它就认为是多余的，它认为不顺眼的地方，就都除去。它是一个江湖医生，为了不看见疹子，就使疹子憋在体内，至于疹子是否将伤害体内纤弱的器官，他是毫不在意的。"① 书报检查制度就是凭借主观想法任意用药的江湖医生，肯定会损害"病人"身体健康，并且对这种伤害的存在毫不在意。

如果法律以规制思想为标准，必然会限制自由，立法的形式同它本应保护的内容之间就会有矛盾，法律就无法实现它的内容，法律本身就成为法律规则所保护的自由的直接对立面。颁布这种法律的立法者反对反国家，但实际效果是本身已经在反国家了。

马克思接着批判了书报检查令中如下的规定：

---

① 《关于新闻出版自由和公布省等级会议辩论情况的辩论》，《马克思恩格斯全集》第 1 卷，人民出版社 1995 年版，第 177—178 页。

"书报检查不得阻挠人们对真理作严肃和谦逊的探讨，不得使作者受到无理的约束，不得妨碍书籍在书市上自由流通。"① 这使得："法律强调的并不是真理，而是谦逊和严肃。"② 在马克思看来，书报检查法令里的这种要求"严肃和谦逊的探讨"是模棱两可的，是对不固定的、相对的概念的探讨，这种规定实际上是对自由的践踏，指定一种风格，都要求是同一种官方色彩，即限制作者用自己的风格和自己的精神面貌写作，而用同样的风格和同样指定的精神面貌写作，而真正的谦逊是理性、是自由，是按照事物的本质特征去对待各种事物的那种普遍的思想自由。

这种规定本身只会得出一个结论："凡是政府的命令都是真理"，任何自由的探讨都是对真理的僭越。这是对思想倾向的限制，法治要保护的是自由，而对思想倾向的限制则正是对自由的侵犯。要谨防的局面是，在法治的名义之下，对所有人的思

---

① 《评普鲁士最近的书报检查令》，《马克思恩格斯全集》第 1 卷，人民出版社 1995 年版，第 110 页。

② 《评普鲁士最近的书报检查令》，《马克思恩格斯全集》第 1 卷，人民出版社 1995 年版，第 113 页。

要谨防的局面是，在法治的名义之下，对所有人的思想、倾向的控制或管治。

谨防以法治的名义对人们的思想和倾向进行控制

想、倾向进行控制或管治。但这并不代表马克思认为所有作者的言说都是可以任意的、任性的，因为他本身也同样反对把自由变成任性。

3. 规制思想的法律必然通往特权

为什么马克思会认为追究思想倾向的法律不是法呢？马克思有一句总结性的话，"追究倾向的法律不仅要惩罚我所做的，而且要惩罚我在行动以外所想的。所以，这种法律是对公民名誉的一种侮辱，是一种危害我的生存的法律"[①]。人的思想支配行为，因此惩罚违法行为本身就是惩罚恶的思想，但是当恶劣思想并没有落实到行动上时，就是"莫须有罪名"，就是"欲加之罪何患无辞"，这样的法律会不断带来冤假错案，成为危及社会秩序和人权的恶法。

而且，以思想为规制对象的法律是一种政治手段，是党派之间为了打压对方而采取的策略，最终达到维护特权利益的目的。追究思想的法律是一个

---

① 《评普鲁士最近的书报检查令》，《马克思恩格斯全集》第 1 卷，人民出版社 1995 年版，第 121 页。

党派用来对付另一个党派的法律，"不是国家为它的公民颁布的法律……取消了公民在法律面前的平等。这是制造分裂的法律，不是促进统一的法律，而一切制造分裂的法律都是反动的；这不是法律，而是特权"①。法律所倡导的公平正义平等价值，因为主观臆断而丧失了客观标准，法律就成为一部分强者压迫弱者的武器，不平等产生了，国家分裂是必然的结局。

具体来说，以思想违法为惩罚依据的立法一定会导致一部分人有权来惩罚别人的思想，最终不是法律来惩罚思想，只能是部分人（书报检察官是代表）来惩罚思想，根据自己的主观判断来惩罚其他人。最终的局面是，一部分人有权干的事情，另一部分人却无权干，其无权干的原因在于他们的思想遭到了怀疑。

惩罚人的行为才能有尺度的问题。惩罚人的思想是没有尺度的，因此充满了任意性、无限度性。马克思有段话专门讲到惩罚的界限："为了使惩罚

---

① 《评普鲁士最近的书报检查令》，《马克思恩格斯全集》第1卷，人民出版社1995年版，第121页。

惩罚人的思想是没有尺度的，因此充满了任意性、无限度性，无论是谁掌握了惩罚思想的权利，都将造就一种暴政。

掌握了惩罚思想的权利将造就一种暴政

成为实际的，惩罚就应该是有界限的，为了使惩罚成为公正的，惩罚就应该受到法的原则的限制。任务就是要使惩罚成为罪行的实际后果。惩罚在罪犯看来应该表现为他的行为的必然结果，因而表现为他自己的行为。所以，他受惩罚的界限应该是他的行为的界限。犯法的一定内容就是一定罪行的界限。"① 这段话以违反刑法的犯罪惩罚为例，一个人作为罪犯，应该以自己的犯罪行为造成的实际后果为界限承担后果。接受惩罚要与他自己行动的性质和对社会危害程度一致，被监禁或者被剥夺财产权，甚至被判处死刑，都是与他自己行为造成的损害后果相对应的。而且法的惩罚应该以公正的法律原则被违反为前提，对违法行为予以惩罚，应以行为侵害法律权利、不履行法律义务为条件，以法律规定为尺度。

4. 预防性法律存在吗？

人的行为是法律的唯一调整对象，行为人在做

---

① 《关于林木盗窃法的辩论》，《马克思恩格斯全集》第 1 卷，人民出版社 1995 年版，第 247 页。

出行为之前的主观动机和过错不是法律调整的范围。马克思认为："现实的预防性法律是不存在的。法律只是作为命令才起预防作用。法律只是在受到践踏时才成为实际有效的法律，因为法律只是在自由的无意识的自然规律变成有意识的国家法律时，才成为真正的法律。哪里法律成为实际的法律，即成为自由的存在，哪里法律就成为人的实际的自由存在。因此，法律是不能预防人的行为的，因为它是人的行为本身的内在的生命规律，是人的生活的自觉反映。所以，法律在人的生活即自由的生活面前是退让的，而且只是当人的实际行为表明人不再服从自由的自然规律时，自然规律作为国家法律才强迫人成为自由的人；同样，只是在我的生命已不再是符合生理规律的生命，即患病的时候，这些规律才作为异己的东西同我相对立。可见，预防性法律是一种毫无意义的矛盾。"①

这段话包含的内容丰富，值得深入解读。一方面，法律是自由理性的现实表现，能够体现人类的

---

① 《关于新闻出版自由和公布省等级会议辩论情况的辩论》，《马克思恩格斯全集》第 1 卷，人民出版社 1995 年版，第 176—177 页。

自由状态。另一方面，法对自由的保护需要经过法律的制定过程，只有按照社会客观必然性制定法律，上升为国家意志，才会通往自由，然后成为实际有效的法律。在这个过程中，法律的出场是滞后于自由被侵犯这一事实的。也就是说，在先后顺序上，违反自由的事实在先，法律出场在后。

马克思的观点是针对当时莱茵省等级会议辩论中有人提出"书报检查制度要预防恶，而新闻出版法则要通过惩罚来防止恶的再现"[①] 而提出的。他认为："辩论人把书报检查法叫作预防措施，这是对的；这种措施是警察当局对付自由的一种防范措施；但是，他把新闻出版法叫作压制措施，那就不对了。"[②] 在马克思看来，新闻出版法是肯定自由的规范，正如重力定律推动自由落体运动一样，自由必然会被新闻出版法表现出来。因为法律是肯定的、明确的、普遍的规范，在这些规范中自由获得了一种与个人无关的、理论的、不取决于个别人的

---

① 《关于新闻出版自由和公布省等级会议辩论情况的辩论》，《马克思恩格斯全集》第 1 卷，人民出版社 1995 年版，第 173 页。

② 《关于新闻出版自由和公布省等级会议辩论情况的辩论》，《马克思恩格斯全集》第 1 卷，人民出版社 1995 年版，第 175 页。

任性的存在。

在这种语境下，马克思提出预防性法律不存在。人本就是自由的存在，自由是人自身客观生活自然自觉的内在的生命规律，既然自由一直处于良好状态，法律没有必要出场。法律只有在人不自由的时候才现身保护自由。法律只有在人的自由受到侵犯时才出场，当自然规律无法约束人的行为时，法以法律作为表现形式迫使人重新回到受自然规律约束的自由。

基于此，马克思认为法律只对人的客观行为起规制作用，认为法律不具有预防性功能，甚至预防性法律并不存在。但这并不代表，马克思忽略人的主观动机，不承认法律对人的行为有指引作用，否认法律应具有一定的前瞻性和可以预防性地保障自由。现代法治的重心不仅仅是规范行为，更是预防人的自由被侵犯，要引导人的行为符合法的自由精神。因为法治不是要治谁，而是要让人的自由能够体现出来。

法对行为的规制作用，不仅体现在行为之后的补救和惩罚，对行为之前人的主观因素的指导功能也是法的秩序价值的一部分，也就是法的行为指引作用。如：一个上夜班的女士随身带一把小刀，不是为了使用它去刺伤谁而准备，而是为了预防某项不确定的意外而提前预备。法律就像是一把小刀，不是为了使用它而准备，更多是为了预防风险而存在。

法的行为规制论，明确了法治方式在解决社会问题上的作用，它强调法对行为的规范作用。但是行为背后的法治思维也需要在遵守法律中养成。法律对行为的规制功能，应该考虑法律对行为人的主观思想的引导。比如通过自上而下的普法教育，利用法律的教育引导作用，提高全体人民的法律素养，形成法治思维，从而实现法的规制预防功能。法治建设的全民守法目标不能仅靠法律体系的完善，还要重视营造良好社会氛围，让人民将法内化于心，提高法律素养，培育法治文化，真正树立法治文化自觉和文化自信，才能真正地养成法治思维，弘扬法治精神。

五、特权和私人利益不能立法

利益就其本性来说是盲目的、无节制的、片面的，一句话，它具有无视法律的天生本能；难道无视法律的东西能够立法吗？正如哑巴并不因为人们给了他一个极长的话筒就会说话一样，私人利益也并不因为人们把它抬上了立法者的宝座就能立法。

——《关于林木盗窃法的辩论》

1. "法的动物形式"

法律必须平等地适用于受其约束的人，不能为了符合某一个阶级的利益而损害另一个阶级的利益，不然就不是真正的法律，而是特权的新形式。马克思指出："当特权者不满足于制定法而诉诸自己的习惯法时，他们所要求的并不是法的人类内容，而是法的动物形式，这种形式现在已丧失其现实性，变成了纯粹的动物假面具。"①

特权者的习惯法不能成为法律，是因为他要求保障自己的特权，要求让自己与众不同，所以这些习惯法无视法律的形式，只是"习惯的不法行为"，特权者所制定出来的法律也只是"法的动物形式"。法律如果要确定不平等的地位，那就是人类社会向动物王国的退化，因为动物王国所确定的关系是不平等的关系，动物王国是不自由的世界，动物的法是不平等的体现，人类的法是平等的体现。

正是法律之外的特权带来法律权利的不平等，这种特权悄无声息地存在着，并发挥出不可忽视的作用。因此，绝不能违反法律而遵守特权者的习惯法，而应该把这种习惯法当成与法律相对立的东西加以废除。马克思认为，特权等级发挥作用，国家制定的法律就有被歪曲的风险，法律形式就会偏离它的内容。要谨防特权变成法律，"任何人，甚至最优秀的立法者也不应该使他个人凌驾于他的法律之上"②。

---

① 《关于林木盗窃法的辩论》，《马克思恩格斯全集》第 1 卷，人民出版社 1995 年版，第 249 页。

② 《关于林木盗窃法的辩论》，《马克思恩格斯全集》第 1 卷，人民出版社 1995 年版，第 264 页。

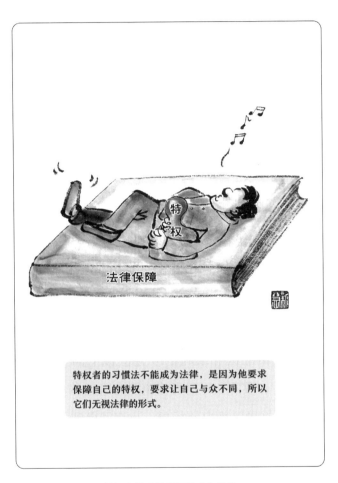

特权者的习惯法不能成为法律，是因为他要求
保障自己的特权，要求让自己与众不同，所以
它们无视法律的形式。

特权者的习惯法不能成为法律

法律所保护的利益应该一视同仁，不分贵贱。马克思看到当时的《林木盗窃法》只承认了林木所有者的平等，无论大小，只要是林木所有者就是完全平等的，但对那些捡拾枯木的人来说就是不平等的。两者都是国家的公民，应该享受到平等的权利，因此这样的法律不是法，不是真正的法律。林木所有者看待某项法律规定是好是坏，其评价标准是对其有利就是好的，而这些对其有利的法律规定对于其他人也适用就是多余的、有害的、不实际的。他们不是要求法律的普遍性，而是要求特殊性。他们的努力就是"把一切不正当的非分要求点成法之纯金"①。

马克思在当时还强调了城市和农村权利的平等。18世纪90年代后，莱茵省新的区乡制度建立，实现了城市的区和农村的乡在法律上的平等，但1815年后，政府和封建贵族企图废除区和乡的平等权利，恢复贵族势力的特权。马克思得到了一个很重要的结论：既然现实中城乡并无区分，那作为现实反映的法律不能将城乡分开。不顾现实平等关

---

① 《关于林木盗窃法的辩论》，《马克思恩格斯全集》第1卷，人民出版社1995年版，第248页。

系，利用特权制定的不平等法律注定是无效的，被特权者操控的国家政权，必然带来法律脱离现实社会关系的问题，而变成自我任性的表现形式。

不仅如此，马克思还提到了要防止公众惩罚沦为私权、国家的公众惩罚权不能变成私人惩罚权的观点。"公众惩罚是用国家理性去消除罪行，因此，它是国家的权利，但是，它既然是国家的权利，国家就不能把它转让给私人，正如一个人不能把自己的良心让给别人一样。"① 特权操控下，制定和修改法律的权力属于统治阶级，即使制定了形式上公平的法律，也会因为其是代表特权阶层而变形，因此法得不到有效执行和监督，国家和统治阶级的违法成为必然。

2. 法律的私人利益难题

法律即使约束了特权，宣布了人人平等，也不能认为社会就是公平正义了的。不是说完善了法

---

① 《关于林木盗窃法的辩论》，《马克思恩格斯全集》第 1 卷，人民出版社 1995 年版，第 277 页。

律，人人都遵守这个法律，社会就是公平的。法律的问题背后存在着物质利益的问题，存在着私人利益支配的问题。

马克思深刻反思了私人利益、私人财产的问题，"利益就其本性来说是盲目的、无节制的、片面的，一句话，它具有无视法律的天生本能；难道无视法律的东西能够立法吗？正如哑巴并不因为人们给了他一个极长的话筒就会说话一样，私人利益也并不因为人们把它抬上了立法者的宝座就能立法"①。私人利益会让人盲目，会侵犯法律的合法性。自私自利的立法者也不可能制定出公道的法律，只会把法律变成考虑如何消灭对手的工具。

为了说明私人利益的狭隘性，马克思举了一个例子："就好比一个粗人因为一个过路人踩了他的鸡眼，就把这个人看作天底下最可恶和最卑鄙的坏蛋。他把自己的鸡眼当作观察和判断人的行为的眼睛。他把过路人和自己接触的那一点当作这个人的本质和世界的唯一接触点。然而，有人可能踩了我

---

① 《关于林木盗窃法的辩论》，《马克思恩格斯全集》第 1 卷，人民出版社 1995 年版，第 288—289 页。

法律的问题背后存在着物质利益的问题，存在着私人利益支配的问题。

法律的背后是物质利益的问题

的鸡眼，但他并不因此就不是一个诚实的、甚至优秀的人"①。法律一旦保障私人利益就必然陷入狭隘之中，就必然以私人利益作为评价一切的标准，就必然会忽视了普遍利益。

具体到关于林木盗窃还是捡拾枯枝问题的争论，马克思指出，国家不能变成林木所有者的奴仆。国家不能是特殊利益的代言人，不能被特殊的物质利益所征服。如果被特殊利益控制，那么国家就失去了它完整的形式。"如果特殊利益在政治上的这种独立化是国家必然性，那么这只是国家内部疾病的表现，正如不健康的机体，按照自然规律，必然会长出肿瘤一样。必须决定在下述两种观点中选择一种：或者承认特殊利益由于妄自尊大并同国家的政治精神相异化，力图限制国家；或者承认国家只是集中体现为政府，并且作为一种补偿，只是给受限制的人民精神提供一个疏导其特殊利益的领域。最后，有可能把两种观点统一起来。"②

---

① 《关于林木盗窃法的辩论》，《马克思恩格斯全集》第1卷，人民出版社1995年版，第254—255页。

② 《评奥格斯堡〈总汇报〉论普鲁士等级委员会的文章》，《马克思恩格斯全集》第1卷，人民出版社1995年版，第344页。

马克思看到了法律背后为私人利益控制，看到私人利益对法律的影响，甚至对法律的无视和侵犯。私人利益总是力图从国家的范围和准则方面让自己合法化，总是力图把国家贬低为获取私人利益的手段，"私人利益把自己看作是世界的最终目的。因此，如果法不实现这个最终目的，那就是不合目的的法"①，"私人利益的空虚的灵魂从来没有被国家观念所照亮和熏染，它的这种非分要求对于国家来说是一个严重而切实的考验"②。私人利益的所有者总是力图使国家变成特权者的奴仆，私人利益不把法当作独立的对象，而总是在法的背后大耍花招，试图把国家变成它的私有财产，把公共权利变成它的私有财产。

当然，否定私人利益不同于否认个人利益，承认普遍利益的合法性并不排斥个人利益的存在。不过，个人利益不能与国家利益割裂，应该作为国家利益的体现，法治也应保护私人利益的救济权。正

---

① 《关于林木盗窃法的辩论》，《马克思恩格斯全集》第 1 卷，人民出版社 1995 年版，第 272—273 页。

② 《关于林木盗窃法的辩论》，《马克思恩格斯全集》第 1 卷，人民出版社 1995 年版，第 261 页。

如马克思所说，"国家无论如何是保护你们的私人利益的，但是，对于你们向罪犯提出的私人诉讼，国家除了承认私人诉讼权即保护民事诉讼的权利以外，不能承认其他任何权利"①。国家对个人利益的保护，如：通过法律规定民事权利以及刑事法律的私人利益救济权等方式，通过承认普遍利益合法化、排除特殊利益等方式，最终解决个人正当利益保护的难题。

3. 人民意志的自觉表现

按照马克思的逻辑，保护普遍人的利益而不是保护私人利益、特权者阶层利益的法律，才是法，才是真正的法律。只有代表了广大人民利益的法律才能体现平等关系，才是法治国家中真正有效的法律制度。

马克思认为，人民才是法律的制定者，代表人民的习惯法，才可能是真正的法。法律应是代表社

---

① 《关于林木盗窃法的辩论》，《马克思恩格斯全集》第1卷，人民出版社1995年版，第282页。

会整体观念的，是民主之法，不是某个或某些当事人的个人意志的产物，不是专制法。法律也只有代表普遍利益或公益时，才是有效的法律，公民个人才会服从这样的国家法律。"只有当法律是人民意志的自觉表现，因而是同人民的意志一起产生并由人民的意志所创立的时候，才会有确实的把握"①。

当人民的法与贵族的习惯法产生冲突时，只有人民的法才符合法的形式和内容，因为人民代表了普遍性利益。法律必须平等地适用于受其约束的人，不能符合某一阶级的利益而损害另一阶级的利益。国家（法律也应该是如此）是一种普遍力量，它应凌驾于特殊利益之上，保证不被特殊的地产、工业等利益所支配。这是法治的前提。

马克思讲"人民"的时候，针对的对象就是贵族的特权，因此是站在贫民、穷人的立场上的。马克思用修道院变为私有财产的例子来说明："修道院被废除了，它们的财产被收归俗用了，这样做是正确的。但是另一方面，贫民过去从修道院那里得

---

① 《论离婚法草案》，《马克思恩格斯全集》第 1 卷，人民出版社 1995 年版，第 349 页。

到的偶然救济并没有被任何其他具体的收入来源所代替。当修道院的财产变成私有财产时，修道院得到了一定的赔偿；但是那些靠修道院救济过活的贫民并没有得到任何赔偿。不仅如此，还为贫民设置了新的限制，切断了他们同旧有的法的联系。"①

在这里，马克思认为，特权阶层立法时没有考虑穷人的习惯法，只有穷人的习惯法才可能成为维护普遍利益的法，因为穷人的"习惯权利"的客观基础存在于穷人的贫苦境况中，它符合事物的法理本质，体现法的通用性和必然性，而维护特殊利益、特权者利益的法律没有体现大多数人或人民的意志。

人民如何立法、如何保障法律是人民意志的体现？在这个问题上，马克思谈到了代表权的观点，"不应当把代表权理解为某种并非人民本身的事物的代表权，而只应理解为人民自身的代表权"②。"从法律上说，省等级会议不仅受权代表私人利益，

① 《关于林木盗窃法的辩论》，《马克思恩格斯全集》第 1 卷，人民出版社 1995 年版，第 251 页。
② 《评奥格斯堡〈总汇报〉论普鲁士等级委员会的文章》，《马克思恩格斯全集》第 1 卷，人民出版社 1995 年版，第 344 页。

而且也受权代表全省的利益，同时，不管这两项任务是多么矛盾，在发生冲突时却应该毫不犹豫地为了代表全省而牺牲代表特殊利益的任务。"① 这些论述都说明马克思特别强调的是人民的普遍利益，国家和法律都应该体现人民的整体利益。

国家法律只有体现人民的利益，以普遍利益约束特殊利益，才能体现国家的政治精神，体现国家权力的本质。这给现代社会法治建设的启示是，法律必须是人民意志和普遍利益的体现，只有体现人民意志、普遍利益的法律之治才是真正的法治。

① 《关于林木盗窃法的辩论》，《马克思恩格斯全集》第1卷，人民出版社1995年版，第289页。

体现人民意志、普遍利益的法律之治才是真正的法治

六、不合伦理之事的合法性问题

如果说任何立法都不能颁布法令让人们去做合乎伦理的事情是正确的，那么说任何立法都不能承认不合伦理的事情是合法的就更是正确的了。

——《〈莱茵报〉编辑部为〈论新婚姻法草案〉一文所加的按语》

1. 反对宗教干预法的领域

法律与宗教、伦理的关系问题也是这个时期马克思法哲学的一个关注点。在《论离婚法草案》一文以及《〈莱茵报〉编辑部为〈论新婚姻法草案〉一文所加的按语》中，马克思有相关的精彩论述。

马克思认为，婚姻在本质上是宗教的或非宗教的，是需要明确的问题。信教的立法者反对婚姻的世俗本质，认为婚姻的本质不是人的伦理性，而是宗教的神圣性。而当时有评论者，把婚姻分成宗教和世俗的两种本质，其中一种本质同教会和个人的信仰联系，另外一种本质同国家和公民的法的意识相联系。

马克思指出，这是二重性的世界观，而把两个不同的领域强加给婚姻是不够的，只会制造矛盾和无法解决的冲突。一方面，信教的立法者不会持这种双重的世界观，只会强调婚姻的本质是宗教的神圣性，以上天注定代替自己做主，以超自然的恩准代替内心的、自然的奉献，以消极地顺从那凌驾于这种关系的本性之上的戒律代替忠诚地服从这种关系的本性。这就把婚姻从属于教会，把世俗婚姻置于教会当局的最高监督之下。

另一方面，"这种世界观由于用肤浅的方式把信仰同法的意识分开，不是解决最麻烦的冲突，而是把它劈成两半；它把法的世界同精神的世界，从而把法同精神割裂开来，这样也就把法学同哲学割裂开来了"①。也就是说，这种二分法不会影响信教

① 《〈莱茵报〉编辑部为〈论新婚姻法草案〉一文所加的按语》，《马克思恩格斯全集》第 1 卷，人民出版社 1995 年版，第 316 页。

的立法者，反而会影响法的精神本身，实际上是用肤浅的方式把信仰的世界、精神的世界同法的意识和伦理道德混为一谈。

马克思指出，《莱茵报》同意《离婚法草案》的地方在于，该草案认为当时普鲁士婚姻法是不合伦理的，离婚理由的繁多和轻率是不能容忍的等，但《莱茵报》反对《离婚法草案》的其中之一是，"立法不是把婚姻看作一种伦理的制度，而是看作一种宗教的和教会的制度，因此，婚姻的世俗本质被忽略了"①。

需要明确，婚姻的本质是人的伦理性，婚姻是客观存在的世俗性社会关系，不是存在于主观精神世界中的宗教关系。婚姻法或离婚法的前提是，承认婚姻的深刻的合乎现实伦理的本质。

法律是用来规范人的世俗生活的，不能因宗教、信仰而建立，要反对宗教干预法的领域，制定法律，不能试图使人服从超伦理、超国家层面的神圣的力量，应警惕法律脱离世俗世界，陷入

---

① 《论离婚法草案》，《马克思恩格斯全集》第 1 卷，人民出版社 1995 年版，第 346 页。

宗教不能干预法的领域

宗教的主观精神世界。如果那样，立法就会使人们盲目地服从超伦理的和超自然的权威即专制的宗教国家的权威。

马克思意识到，不能从神学出发来阐明国家的自然规律，而应该从理性和经验出发。他举了一个很好的例子，培根把神学的物理学看成献身上帝的少女，是不能生育的，因而把物理学从神学中解放出来。国家和法的学说也需要从神学中解放出来，从理性和经验出发，用人的眼光来观察国家和法。不应该根据宗教，而应该根据自由理性来构想国家和法律，不是根据基督教社会的本质，而是根据人类社会的本质来判定各种国家制度的合理性。

崇尚法律，还要旗帜鲜明地反对鬼神、反对女巫审判。如果不是如此，崇信鬼神和女巫审判就会合法化。正如马克思所说："一个时代如果把不信鬼神视为哲学上的胆大妄为之举，把反对女巫审判视为奇谈怪论，这样的时代就是把崇信鬼神和女巫审判视为合法的时代。"①

----

① 《关于新闻出版自由和公布省等级会议辩论情况的辩论》，《马克思恩格斯全集》第 1 卷，人民出版社 1995 年版，第 145 页。

2. 法律与伦理的区分

法律应保护和体现的是世俗的伦理，不是宗教教义，不是某种主观思想的神圣性和不可侵犯性。对马克思而言，确保世俗社会伦理关系而不是迎合超伦理的宗教的法律，才是法，才是真正的法律。

关于法律与伦理的关系，马克思有句读起来很拗口的话："如果说任何立法都不能颁布法令让人们去做合乎伦理的事情是正确的，那么说任何立法都不能承认不合伦理的事情是合法的就更是正确的了。"① 也就是说，法律和伦理不是一回事，法律的作用是有限的，靠颁布法令让人们去做合乎伦理的事情是有问题的，是不正确的。

按道理说，应该通过立法引导人们去做合乎伦理的事情，为什么马克思要指出，任何立法都不能颁布法令让人们去做合乎伦理的事情呢？

以今天的视角看，马克思要为法律发挥作用的

① 《〈莱茵报〉编辑部为〈论新婚姻法草案〉一文所加的按语》，《马克思恩格斯全集》第 1 卷，人民出版社 1995 年版，第 316 页。

领域进行划界，要为伦理功能的发挥留下空间，也就是说立法可以引导但不能直接作出规定让人们去做合乎伦理的事情。

法律需要区分与伦理的界限，厘清与伦理或良好习俗之间的关系。例如：婚姻关系是法律与道德所共同调整的对象，但是爱情关系、友谊关系通常只受伦理的调整，而不受法律的调整。

对比而言，法律是用国家立法机关制定的规则来规范调整社会关系，依靠法律形式体现公平、正义秩序。伦理是人们在长期的社会生活中积淀生成的，是用自发形成的道德规范调整社会关系，关乎人们行为的荣辱、善恶与否。

法律与伦理是存在边界的，法律具有明确、时效、强制性的约束力与制裁力，其价值功能重在社会稳定与安宁，其调整的对象仅限于人们的外在行为。伦理道德以善恶为标准，既包括客观的伦理关系又包括内化于心的主观道德意识。因此从道德层面来看，伦理规范在约束人的行为时，又具有不同于法律的内在主观性。

人的行为与法律的法则一致就是它的合法律性；人的行为与伦理的法则一致就是它的道德性。

法律规则带来的自由是外在实践的自由；道德法则所说的自由，指的却是内在的自由。法律虽然也关注行为的动机和意图，但前提是该行为已经做出，并面临法律制裁。而道德关注行为的目的是使个人善意转换为符合道德的高尚行为，不道德的行为也会因为舆论的压力有所收敛。

不能将法律视为"万能"的，混淆它和道德的区别。法律不是万能的，它以行为为规制对象，而思想的问题则属于道德、政治领域的范畴，思想倾向的追究问题，需要靠伦理和国家权力来解决。"合法的地位不应该由于个人的道德品质或者甚至由于他们的政治观点和宗教观点而有所变更"①。"不能由于一个人的道德品质，由于他的政治观点和宗教观点，而把这个人监禁起来，或者剥夺他的财产或其他任何一项法律权利。"② 公民的合法地位应该是根据法律对其行为的评估来确立，不应将道德、政治观点和立场混为一谈，公民的思想引导应

① 《答一家"中庸"报纸的攻击》，《马克思恩格斯全集》第 1 卷，人民出版社 1995 年版，第 401 页。

② 《〈科隆日报〉的告密和〈莱茵—摩泽尔日报〉的论争》，《马克思恩格斯全集》第 1 卷，人民出版社 1995 年版，第 418 页。

是政治和道德领域的问题。因此真正的法律只能以行为为判断是否合法的标准，只能用来规范人的行为。法律应该做的是守卫底线，而不是无限拔高地要求所有人都达到某种境界。

符合法律规范与合乎伦理道德、遵循风俗习惯是有所区分的，不能将两者合二为一。混淆法律与道德，结果会导致"法将不法，德将不德"，法律的确定性和可预见性必然受损，执法机关可能会把占支配地位的集体意识看作道德原则，从而侵犯法律所保障的自由。

在司法过程中，能够用法律解决的问题，无须再寻求道德等力量来干预。当法律出现模糊不清时，法律的伦理信念将会起到决定作用，此时道德的力量就会有助于法律问题的解决。关于法律适用中的技术性规范、操作程序规则的运用等问题，道德规则不起作用，这里是法律所要求的效率与便利规则在发挥指导作用。

法律和道德会出现冲突，如某种法律、法规本身并不公正、不道德。人们是应当守法，还是违法并按照道德的要求行事？如果仅仅是法律存在不完善，通过修订变更程序可以符合道德底线，法的价值应该得到承认。但是如果法律已严重违背了基本的道德价值，无法启动科学民主的立法程序，此时便成了压迫民众的规范，违反了道德底线。在这种与公正根本冲突的法律面前，民众的不顺从就是正当的了。

3. 法律与伦理的融合

法律不能让人们去做合乎伦理的事情，但也不能让不合乎伦理的事情成为合法的。这说明了法律与伦理除了有所区分之外，还有相互融合的地方。不合乎伦理的事情，一定不能是合法的，即使法律规范中有所规定，也不具有合法性。

法律与伦理的融合，体现在立法要确证伦理关系，保证伦理关系的存在。"维护伦理关系的生命不仅是立法者的权利，也是他的义务，是他的自我保存的义务！"[①] 立法者的任务是表述事物的法理本质，调整客观的伦理关系，通过法律规定权利、义

---

① 《论离婚法草案》，《马克思恩格斯全集》第 1 卷，人民出版社 1995 年版，第 348—349 页。

务，维护伦理底线。

法律应该保护伦理道德和良好习俗，确证世俗伦理。如果法律不是为了尊重人而制定的，它带来的后果可能就是"任何合乎伦理的事实都可能被理解为胡说和谎言的证明"①。法律来源于某种伦理关系，这些伦理关系在社会生活中形成，并体现事物的规律和本质的关系，代表了普遍性、科学性。

婚姻法方面，在马克思看来，立法者要尊重婚姻，承认婚姻深刻地合乎伦理的本质。马克思反对的是建立在个人意志基础上的伦理，而强调伦理关系的重要性。在离婚问题上，不能只看到夫妻的个人意志，忽视婚姻关系的伦理实体。几乎任何离婚都是家庭的离散，不只是夫妻双方两个人的事情。人和人只要结了婚，就得服从婚姻法。婚姻不能听从结婚者的任性，不能容忍结婚者任意地使婚姻破裂。此时的马克思已经能够自觉地与自由主义法权概念拉开距离。

在他看来，伦理关系与法律关系，都是客观的

———————

① 《论离婚法草案》，《马克思恩格斯全集》第 1 卷，人民出版社 1995 年版，第 349 页。

在离婚问题上，不能只看到夫妻的个人意志，忽视婚姻关系的伦理实体。几乎任何离婚都是家庭的离散，不只是夫妻双方两个人的事情。

离婚问题不能只看夫妻的个人意志

社会关系。伦理规范调整的伦理关系与法律规范调整的法律关系，是社会调控规则在社会关系上的反映。伦理体系源于社会群体为了现实社会生活，从而创造的用价值观念约束群体行为的道德原则和规范。

道德是法律的价值基础，法律则是最基本的道德，包含最低限度的道德。在因立法滞后而"无法可依"的状况下，道德调整起重要作用。执法者的职业道德的提高，守法者的法律意识、道德观念的加强，都对法的实施起着积极的作用，最终达到法律规则被内化被遵守的目的。道德同样需要法律的力量保证底线被遵守，法律明确具体的行为模式规定、行为后果惩罚机制和法律责任履行义务等强制力也是推动道德进步的保障。

法治和德治应该统一起来，双管齐下，才能达到社会治理的良好状态。在马克思的论述中，我们能读出这样的观点。

结语 从"法律治"通往"法治"

　　尽管青年马克思的《莱茵报》政论文章并不是系统性的法哲学思考，尽管这个阶段他深受德国古典法哲学尤其是黑格尔思辨的法哲学的影响，但马克思还是能给今天的法治理论提供一个视角，那就是法治严格意义上不是法律之治，而是法之治或者说是真正的法律之治。

　　马克思以一种不信任的、质疑的态度去审视现实存在的法律，却又对法律的未来发展寄予了很高的期望。在他看来，基于事物的本质与事物的规律而不是凭借人为主观设想的法律，才是法；为了保障人的自由而不是规制人的自由的法律，才是法；约束人的行为而不是规制人的思想、倾向、意志的法律，才是法；保护包括穷人在内的人民利益而不是保护私人利益和特权者阶层的法律，才是法；保障伦理关系而不是以神秘化权威压制约束人的世俗生活的法律，才是法。

马克思认为，真正的法律，能够被称为法的法律，是符合人类理性和客观必然性的，是基于人的自由和社会平等，体现人民意志的，是能够确保自由、权利、正义等价值理念并能实现的法律。

法治实践，要避免"法律不合法"的问题，所依靠的法律一定要合法。法律不一定合乎法，决定了法律之治也不一定就是法治。这就可以解释，古往今来人类社会的各个国家有的就是依靠法律统治，但很难被认定为是法治国家。原因何在？根本上在于其法律是在维护特权和等级制度的基础上运行的，没有达到今天我们所理解的法治的要求，有法律之治但还达不到法之治。

"法律治"意味着法律作为外在的力量，作为规制人的行为的手段得以全面贯彻实施；"法治"则预示着法所蕴含的理念、精神成为现实，权利、自由、正义不再是追求的目标，而成为现实生活本身。

就此而言，"法律治"有一个通往"法治"的过程，不是说完善了法律体系和法律制度，法治就自然实现了。法治需要法律规范、法律制度，需要法律之治，但只做到这一点是不够的。法治实践要求让法律接近于法，让每一部法律都能体现自由、理性、权利和正义，让法所蕴含的权利、自由、正义呈现于现实中，实现法与法律的统一，实现法律内容与形式的统一。

"法制"也有一个通往"法治"的过程。就法制与法治的区别而言，法制更加强调的是客观制度，更偏重法律的形式化方面，强调"依法治国"的制度、程序及其运行机制本身，它所关注的焦点是法律的有效性和社会秩序的稳定；而法治包含了价值内涵，强调了权利、自由、正义的价值，以及法的实施、监督、保障等实质层面的内容。

当然也要看到，青年马克思的论证逻辑，主要还是建立在法律理性主义的思维基础上的，把法看作理性、自由的化身，建立在对法的应然的设想上，这个"法"无法确立具体内涵，只能借助于时代的哲学家、政治学家来设想。实际上，每个时代的"法"都有那个时代的烙印，将其永恒地设定，来评判具体的成文法也是有问题的。把法看作自由、权利、正义没有问题，但什么样的自由才是自由、人们应拥有哪些权利、何谓正义，在不同的时代有不同的标准。这是马克思在没有形成成熟的唯物史观时的法律理论的局限性。

今天，在法治实践中保证立法的权威性和可信任度、保证法律规范本身的科学性与合理性、保证法律实施的公平正义性，是实现依法治国需要努力的方向。

附录 "《莱茵报》政论文章"介绍及节选

"《莱茵报》政论文章"是马克思 1842 年 1 月至 1843 年 3 月期间的文章。以 1842 年 10 月为界,之前的作品主要涉及理性自由问题,如书报检查和新闻自由,代表作品主要有《评普鲁士最近的书报检查令》《关于新闻出版自由和公布省等级会议辩论情况的辩论》《集权问题》《〈科隆日报〉第 179 号的社论》和《历史法学派的哲学宣言》等;之后的作品更多关注现实问题,主要关注现实的自由。代表作主要有《关于林木盗窃法的辩论》、围绕奥格斯堡《总汇报》的一系列文章、《论离婚法草案》和《摩泽尔记者的辩护》等。

一、《评普鲁士最近的书报检查令》

《评普鲁士最近的书报检查令》于 1842 年 2 月写成,是马克思写成的第一篇政论文章。文章的主要观点是把自由与法律密切联结起来,提出了法律的自由价值;法律不应该惩罚思想倾向,而应该针对行动行为等观点。文中提到书报检察官是"警察国家"的代表,其个人主观意志并不能体现法律的客观标准,马克思已经开始意识到现实政治力量、宗教教义影响法律的制定等问题。

《评普鲁士最近的书报检查令》是马克思的第一篇政论性文章，他的政治活动就是从这时开始的，当时他是一个革命民主主义者。

19世纪40年代初，德国正处于资产阶级革命的前夜，争取自由和民主的运动非常高涨，所以文章所谈到的问题，即关于普鲁士的出版状况问题，在当时显得特别尖锐。普鲁士政府于1841年12月24日颁布了新的书报检查令，在表面上表示不赞成对作家的写作活动加以限制，但实际上加强了这种制度。

马克思这篇揭露新检查令的虚伪自由主义的文章，没有在德国发表。这篇文章是在1842年1月15日至2月10日间写成的，但直到1843年2月才在瑞士发表，载于《德国现代哲学和政论界轶文集》（*Anekdota zur Neuesten Deutschen Philosophie und Publicistik*）第1卷。1851年，海·贝克尔开始在科隆出版卡尔·马克思文集，把《评普鲁士最近的书报检查令》这篇文章作为该文集的第一篇。由于普鲁士政府的查禁，这一版本在第一版出版后即被禁止发行。

☞ **经典原文片段**

真理是普遍的，它不属于我一个人，而为大家所有；真理占有我，而不是我占有真理。我只有构成我的精神个性的形式。"风格如其人。"可是实际情形怎样呢！法律允许我写作，但是不允许我用自己的风格去写，我只能用另一种风格去写！我有权利表露自己的精神面貌，但是首先必须使这种面貌具有一种指定的表情！哪一个正直的人不为这种无理的要求脸红，而宁愿把自己的脑袋藏到罗马式长袍里去呢？至少可以预料在那长袍下面有一个丘必特的脑袋。指定的表情只不过意味着"强颜欢笑"而已。

你们赞美大自然令人赏心悦目的千姿百态和无穷无尽的丰富宝藏，你们并不要求玫瑰花散发出和紫罗兰一样的芳香，但你们为什么却要求世界上最丰富的东西——精神只能有一种存在形式呢？我是一个幽默的人，可是法律却命令我用严肃的笔调。我是一个豪放不羁的人，可是法律却指定我用谦逊的风格。一片灰色就是这种自由所许可的唯一色彩。每一滴露水在太阳的照耀下都闪现着无穷无尽的色彩。但是精神的太阳，无论它照耀着多少个体，无论它照耀什么事物，却只准产生一种色彩，就是官方的色彩！精神的最主要形式是欢乐、光明，但你们却要使阴暗成为精神的唯一合适的表现；精神只准穿着黑色的衣服，可是花丛中却没有一枝黑色的花朵。精神的实质始终就是真理本身，而你们要把什么东西变成精神的实质呢？谦逊。歌德说过，只有怯懦者才是谦逊的，你们想把精神变成这样的怯懦者吗？也许，这种谦逊应该是席勒所说的那种天才的谦逊？如果是这样的话，那你们就先要把自己的全体公民、特别是你们所有的书报检查官都变成天才。况且，天才的谦逊当然不像文雅的语言那样，避免使用乡音和土语，相反，天才的谦逊恰恰在于用事物本身的乡音和表达事物本质的土语来说话。天才的谦逊是要忘掉谦逊和不谦逊，使事物本身突现出来。精神的谦逊总的说来就是理性，就是按照事物的本质特征去对待各种事物的那种普遍的思想自由。

……

只是由于我表现自己，只是由于我踏入现实的领域，我才进入受立法者支配的范围。对于法律来说，除了我的行为以外，我是根本不存在的，我根本不是法律的对象。我的行为就是法律在处置我时所应依据的唯一的东西，因为我的行为就是我为之要求生存权利、要求现实权利的唯一东西，而且因此我才受到现行法的支配。可是，追究倾向的法律不仅要惩罚我所做的，而且要惩罚我在行动以外所想的。所以，这种法律是对公民名誉的一种侮辱，是一种危害我的生存的法律。

我可以随便挣扎，设法摆脱困境，但是事态决不会因此而有丝毫改变。我的生存遭到了怀疑，我的最隐秘的本质，即我的个性被看成是一种坏的个性，而且由于这种意见我要受到惩罚。法律之所以惩罚我，并不是因为我做了坏事，而是因为我没有做坏事。其实，我之所以受到惩罚，是因为我的行为并不违法，只是由于这一点，我就迫使好心肠的、善意的法官去追究我那非常慎重、并未见诸行动的坏的思想。

追究思想的法律不是国家为它的公民颁布的法律，而是一个党派用来对付另一个党派的法律。追究倾向的法律取消了公民在法律面前的平等。这是制造分裂的法律，不是促进统一的法律，而一切制造分裂的法律都是反动的；这不是法律，而是特权。一些人有权干另一些人无权干的事情，这并不是因为后者缺乏什么客观品质（像小孩子不会缔结条约那样），不，不是这样，而是因为他们的善良意图，他们的思想遭到了怀疑。即使公民起来反对国家机构，反对政府，道德的国家还是认为他们具有国家的思想。可是，在某个机关自诩为国家理性和国家道德的举世无双的独占者的社会中，在同人民根本对立因而认为自己那一套反国家的思想就是普遍而标准的思想的政府中，当政集团的龌龊的良心却臆造了一套追究倾向的法律，报复的法律，来惩罚思想，其实它不过是政府官员的思想。追究思想的法律是以无思想和不道德而追求实利的国家观为基础的。这些法律就是龌龊的良心的不自觉叫喊。那么怎样才能使这种法律付诸实施呢？这要通过一种比法律本身更令人气愤的手段——侦探，或者通过认为所有写作流派都是值得怀疑的这样一种事先协定，由此，当然又要追究某人是属于哪一种流派的。在追究倾向的法律中，立法的形式是同内容相矛盾的，颁布这一法律的政府疯狂地反对它本身所体现的东西，即反对那种反国家的思想，同样，在每一种特殊的场合下，政府对自己的法律来说就好像是一个颠倒过来的世界，因为它用双重的尺度来衡量事物。对一方是合法的东西，对另一方却是违法的东西。政府所颁布的法律本身就是被这些法律奉为准则的那种东西的直接对立面。

⋯⋯

整治书报检查制度的真正而根本的办法，就是废除书报检查制度，因为这种制度本身是恶劣的，可是各种制度却比人更有力量。我们的意见可能是正确的，也可能是不正确的，不过无论如何，新的检查令终究会使普鲁士的作者要么获得更多的现实的自由，要么获得更多的观念的自由，也就是获得更多的意识。

当你能够想你愿意想的东西，并且能够把你所想的东西说出来的时候，这是非常幸福的时候。

——摘自《马克思恩格斯全集》第 1 卷，人民出版社 1995 年版，第 110—135 页。

二、《关于新闻出版自由和公布省等级会议辩论情况的辩论》（1842 年 4 月）

1842 年 4 月，马克思又写作完成《关于新闻出版自由和公布省等级会议辩论情况的辩论》，这是马克思在《莱茵报》上发表的第一篇文章，他从具体的政治事实出发讨论出版自由，是一篇马克思集中论述自由与法的关系方面的文章。文中主要观点是自由的体系化，提出了整体化的法学思维，开启了法学的现实化路径。马克思从现实利益出发思考法学问题，马克思主义法学由此萌芽。

围绕关于出版自由的辩论，马克思在这篇论文中认为：自由在一个国家中是以法律形式存在的。强调法律的根本任务是维护和保障人民的自由和权利，同时强调自由必须受到法律的制约。自由的形式也应具有普遍性。马克思在这篇论文中，以理性、自由为准则，第一次提出区分"真正的法律"和"形式上的法律"这个问题。他举例说明，书报检查令只具有法律的形式，它不是法律而是警察手段，并且还是拙劣的警察手段。马克思还第一次提出法官独立审判的原则。文章还揭露等级会议并非真正的代议机关。普鲁士的等级议会，违背人民的意志和利益，它不是真正的人民代表机关。

这篇文章是马克思面对新闻出版不自由的情况，在他之前写过的《评普鲁士最近的书报检查令》的基础上，继续对这一情况进行抨击，坚决捍卫出版自由这一基本的自由形式的文章。马克思从哲学上对出版自由、言论自由进行了论证，看到了人们的思想和行动不是主观任意的，而是由人们的等级地位决定的，要求实现人们的普遍自由。

☞ **经典原文片段**

自由确实是人的本质，因此就连自由的反对者在反对自由的现实的同时也实现着自由；因此，他们想把曾被他们当作人类本性的装饰品而屏弃了的东西攫取过来，作为自己最珍贵的装饰品。

没有一个人反对自由，如果有的话，最多也只是反对别人的自由。可见，各种自由向来就是存在的，不过有时表现为特殊的特权，有时表现为普遍的权利而已。

……

现实的预防性法律是不存在的。法律只是作为命令才起预防作用。法律只是在受到践踏时才成为实际有效的法律，因为法律只是在自由的无意识的自然规律变成有意识的国家法律时，才成为真正的法律。哪里法律成为实际的法律，即成为自由的存在，哪里法律就成为人的实际的自由存在。因此，法律是不能预防人的行为的，因为它是人的行为本身的内在的生命规律，是人的生活的自觉反映。所以，法律在人的生活即自由的生活面前是退让的，而且只是当人的实际行为表明人不再服从自由的自然规律时，自然规律作为国家法律才强迫人成为自由的人；同样，只是在我的生命已不再是符合生理规律的生命，即患病的时候，这些规律才作为异己的东西同我相对立。可见，预防性法律是一种毫无意义的矛盾。

　　因此，预防性法律本身并不包含任何尺度、任何合乎理性的准则，因为合乎理性的准则只能从事物的本性（在这里就是自由）中取得。预防性法律没有范围，因为为了预防自由，它应当同它的对象一样大，即不受限制。因此，预防性法律就是一种不受限制的限制的矛盾，这一法律所遇到的界限并不是由必然性产生，而是由任性的偶然性产生，书报检查制度每日都明显地证实着这一点。

　　人体生来就是要死亡的。因此，疾病就不可避免。但是，人们为什么不是在健康的时候，而只是在生病的时候才去找医生呢？因为不仅疾病是一种恶，而且医生本人也是一种恶。医疗会把生命变成一种恶，而人体则变成医生们的操作对象。如果生命仅仅是预防死亡的措施，那么死去不是比活着更好吗？难道自由运动不也是生命所固有的吗？疾病不是生命的自由受到限制又是什么呢？一个天天上门的医生本身就是一种病，害了这种病想死死不了，只得活下去。尽管生命会死亡，但是死亡却不应当生存。难道精神不比肉体享有更多的权利吗？不错，常常有人把这种权利解释成这样：肉体上的活动对于进行自由活动的精神来说甚至是有害的，因此，肉体上的活动应当取消。书报检查制度的出发点是：把疾病看作是正常状态，把正常状态即自由看作是疾病。书报检查制度老是要新闻出版界相信自己有病，即使新闻出版界提出自己身体健康的确凿证明，也必须接受治疗。但是，书报检查制度甚至还不是一个按照病情使用不同内服药物的高明医生。它只是一个乡下的外科郎中，治疗一切病症都用那唯一的万能工具——剪子。它甚至还不是一个想使我康复的外科郎中，它是一个施行外科手术的唯美主义者；我身上的东西只要它不喜欢的，它就认为是多余的，它认为不顺眼的地方，就都除去。它是一个江湖医生，为了不看见疹子，就使疹子憋在体内，至于疹子是否将伤害体内纤弱的器官，他是毫不在意的。

你们认为捕鸟不对。难道鸟笼不是预防猛禽、枪弹和风暴的措施吗？使夜莺失明，你们认为野蛮，但是，难道书报检查官用锋利的笔头挖去报刊的眼睛，你们却不认为是野蛮行为吗？强制给自由人削发，你们认为是专横，而书报检查制度每天都在有思想的人的肉体上开刀，只有没有心肝、毫无反应、卑躬屈膝的行尸走肉，它才认为是健康的人而准许通过！

我们已经指出，新闻出版法是一种法，而书报检查法则是一种非法，但是，书报检查制度自己承认它不是目的本身，它本身不是什么好的东西，因此，它所根据的原则就是："目的使手段变得神圣"。但是，需要不神圣的手段的目的，就不是神圣的目的；而且，难道报刊就不会也接受这个原则并且大声宣称"目的使手段变得神圣"吗？

因此，书报检查法不是法律，而是警察手段，并且还是拙劣的警察手段，因为它所希望的它达不到，而它达到的又不是它所希望的。

……

当然罗！既然自由的较高级的形式都被认为不合法，它的低级形式自然应当被认为是不合法的了。在国家的权利没有得到承认的时候，个别公民的权利是毫无意义的。如果总的说来自由是合法的，不言而喻，某一特定形式的自由表现得越鲜明、越充分，自由的这一特定形式也就越合法。如果水螅由于身上有自然界的生命在微弱地跳动，就有生存的权利，那么，体内有生命奔腾怒吼着的狮子怎么会没有生存权利呢？

如果说较高级的权利形式必须由较低级的权利形式来证实这一结论是正确的，那么把较低级的领域用作衡量较高级领域的尺度则是错误的了；这样一来，就会把在一定限度内是合理的规律歪曲成为可笑的东西，因为这是硬要要求这些规律不成为该领域的规律，而成为另一个更高级领域的规律。这正像我想强迫一个巨人住在侏儒的屋子里一样。

行业自由、财产自由、信仰自由、新闻出版自由、审判自由，这一切都是同一个类即没有特定名称的一般自由的不同种。但是，由于相同而忘了差异，以至把一定的种用作衡量其他一切种的尺度、标准、领域，那岂不是完全错了？如果一种自由只有在其他各种自由背叛它们自己而自认是它的附庸时，它才允许它们存在，这是这种自由气量狭窄的表现。

行业自由只是行业自由，而不是其他什么自由，因为在这种自由中，行业的本性是按其生命的内在原则不受阻挠地形成起来的。如果法院遵循它自己固有的法规而不遵循其他领域（如宗教）的规律的话，审判自由就是审判自由。自由的每一特定领域就是特定领域的自由，同样，每一特定的生活方式就是特定自然的生活方式。要狮子遵循水螅的生命规律，这难道不是反常的要求吧？如果我这样去推论，即既然手和脚以其独特的方式发挥职能，那么眼睛和耳朵这两种使人摆脱他的个体性的羁绊而成为宇宙的镜子和回声的器官，就应当有更大的活动权利，因而也就应当具有强化的手和脚的职能；如果我这样去推论，我对人体各种器官的联系和统一的理解将是多么错误呵！

在宇宙系统中，每一个单独的行星一面自转，同时又围绕太阳运转，同样，在自由的系统中，它的每个领域也是一面自转，同时又围绕自由这一太阳中心运转。宣称新闻出版自由是一种行业自由，这无非是在未保护之前先行扼杀的一种对新闻出版自由的保护。当我要求一种性格要按另一种性格的方式成为自由性格时，难道我不是抹杀了性格自由吗？新闻出版向行业说道：你的自由并不就是我的自由。你愿服从你的领域的规律，同样，我也愿意服从我的领域的规律。按你的方式成为自由人，对我说来就等于不自由；因为如果木匠要求他的行业自由，而人们把哲学家的自由作为等价物给了他，他是很难感到满意的。

我们想把辩论人的思想直截了当地叙述出来。什么是自由？他回答说："行业自由"。这就好比一个大学生在回答什么是自由这一问题时会说"自由之夜"。

正如可以把新闻出版自由归入行业自由一样，其他任何一种自由也都可以归入行业自由。法官的行业是法律，传教士的行业是宗教，家长的行业是教养子女；难道我这样就表述了法律自由、宗教自由、伦理自由的本质了吗？

我们也可以把事情倒过来说，把行业自由看作只是新闻出版自由的一种。难道各个行业就只是用手脚工作，而不是同时也用头脑工作吗？难道只有作为言语的语言是唯一的思想语言吗？难道机械师不是用他的蒸汽机向我们的耳朵很清楚地说话吗？难道制床厂主不是向我们的脊背，厨师不是向我们的胃很明白地说话吗？所有这些种类的新闻出版自由都容许存在，唯独一种新闻出版自由即通过油墨来向我们的心灵说话的那种新闻出版自由不容许存在，这不是矛盾吗？

为了维护甚至仅仅是为了理解某个领域的自由，我也必须从这一领域的主要特征出发，而不应当从它的外部关系出发。难道被贬低到行业水平的新闻出版能忠于自己的特征，按照自己的高贵天性去活动吗？难道这样的新闻出版是自由的吗？作者当然必须挣钱才能生活，写作，但是他决不应该为了挣钱而生活，写作。

——摘自《马克思恩格斯全集》第 1 卷，人民出版社 1995 年版，第 167—192 页。

三、《论离婚法草案》（1842 年 12 月）

1842 年 12 月，马克思又在《莱茵报》上发表了《论离婚法草案》，提出了立法者不是在创造法律而是表述法律的立法思想，阐明法律和伦理道德的关系，并认为法律应该坚持人民立场。《论离婚法草案》以当时普鲁士新国王弗里德里希—威廉四世登上王位，一心想要恢复封建制度为时代背景。1842 年，历史法学派领袖萨维尼领导制定了一部离婚法草案。这部离婚法草案以基督教精神为依据，把世俗婚姻宗教化。马克思于同年 12 月 9 日在《莱茵报》上发表了《论离婚法草案》对此进行了尖锐的批评。

☞ 经典原文

黑格尔说：婚姻本身，按其概念来说，是不可离异的，但仅仅就其本身，即仅仅按其概念来说是如此。这句话完全没有表明婚姻所具有的那种特殊的东西。一切伦理的关系，按其概念来说，都是不可解除的，如果以这些关系的真实性作为前提，那就容易使人相信了。真正的国家、真正的婚姻、真正的友谊都是不可分离的，但是任何国家、任何婚姻、任何友谊都不完全符合自己的概念。正像甚至家庭中现实的友谊和世界史上现实的国家都是可以分离的一样，国家中现实的婚姻也是可以分离的。任何伦理关系的存在都不符合，或者至少可以说，不一定符合自己的本质。正像在自然界中，当某种存在物完全不再符合自己的使命时，解体和死亡自然就会到来一样，正像世界历史会决定，一个国家是否已完全同国家观念相矛盾，以致不值得继续存在一样，一个国家也要决定，在什么样的条件下现存的婚姻不再成其为婚姻。离婚无非是宣布某一婚姻是已经死亡的婚姻，它的存在仅仅是一种假象和骗局。不言而喻，既不是立法者的任性，也不是私人的任性，而是只有事物的本质才能决定，某一婚姻是否已经死亡；因为大家知道，宣告死亡取决于事实，而不取决于当事人的愿望。既然你们要求在确定肉体死亡时要有确凿的、无可辩驳的证据，那么，难道立法者不应该只是根据最无可怀疑的征象来确定伦理的死亡吗？因为维护伦理关系的生命不仅是立法者的权利，也是他的义务，是他的自我保存的义务！

当然，只有当法律是人民意志的自觉表现，因而是同人民的意志一起产生并由人民的意志所创立的时候，才会有确实的把握，正确而毫无成见地确定某种伦理关系的存在已不再符合其本质的那些条件，做到既符合科学所达到的水平，又符合社会上已形成的观点。对于是使离婚变得容易些还是困难些，我们还要补充几句话。如果每一种外部的动因，每一种伤害都将摧毁自然界中的某一机体，那么你们认为这种机体是健康、结实而组织健全的吗？如果有人说，你们的友谊不能抵御最小的偶然事件，遇到任何一点不痛快都必定会瓦解，而且把这说成是一种公理，难道你们不觉得这是一种侮辱吗？对于婚姻，立法者只能规定，在什么样的条件下婚姻是允许离异的，也就是说，在什么样的条件下婚姻按其实质来说是已经离异了。法院判决的离婚只能是婚姻内部瓦解的记录。立法者的观点是必然性的观点。因此，如果立法者认为婚姻是牢固的，足以承受种种冲突而不致受到损害，那他就是尊重婚姻，承认它的深刻的合乎伦理的本质。对个人愿望的宽容会变成对个人本质的严酷，变成对体现为伦理关系的个人伦理理性的严酷。

最后，当有些方面责难实施严格的离婚法的地区（莱茵省也为属于这样的地区而自豪）是伪善的时候，我们只能称之为冒失行为。只有那些眼界没有超越自己周围的道德沦丧现象的人们，才敢于作出这样的指摘。例如，在莱茵省，人们就认为这种指摘是可笑的，或者最多把这些指摘看作是伦理关系的观念本身也可能消失，任何合乎伦理的事实都可能被理解为胡说和谎言的证明。这是那些并非为了尊重人而制定的法律的直接结果，这是一个缺点，这个缺点并不会由于人们从轻视人的物质本性转而轻视人的观念本性，要求盲目地服从超伦理的和超自然的权威而不是自觉地服从伦理的自然的力量而消除。

——摘自《马克思恩格斯全集》第 1 卷，人民出版社 1995 年版，第 348—350 页。

四、《关于林木盗窃法的辩论》（1842 年 10 月）

1842 年 10 月，马克思根据 1841 年第六届议会会议记录写下了《关于林木盗窃法的辩论》，开始把法律指向所有权这个中心，确立了法学为无产阶级（穷人）服务的价值取向，标志着他从新理性批判主义法学向历史唯物主义法学观转变的开端。文中马克思思考了法的本体问题，比如法与利益、法与权利、法与国家等，提出法律不一定"合法"的重大命题，关注了法的实体内容和程序形式的关系，并开始从社会经济关系中思考法律问题的答案。

《关于林木盗窃法的辩论》一文，指出林木所有者的利益与贫民捡拾枯枝等习惯的权利等问题，提出自己的立法观。《莱茵报》刊登了马克思的《关于林木盗窃法的辩论》一文后，立刻在普鲁士引起了轰动。他的文章得罪了普鲁士的统治者，《莱茵报》遭查封，当权者逼迫主编马克思辞职。

☞经典原文片段

我们这些不实际的人要为政治上和社会上一无所有的贫苦群众要求那一帮学识渊博而又温顺听话的奴才即所谓的历史学家们所发明的东西，他们把这种东西当作真正的哲人之石，以便把一切不正当的非分要求点成法之纯金。我们为穷人要求习惯法，而且要求的不是地方性的习惯法，而是一切国家的穷人的习惯法。我们还要进一步说明，这种习惯法按其本质来说只能是这些最底层的、一无所有的基本群众的法。

所谓特权者的习惯是和法相抵触的习惯。这些习惯产生的时期，人类史还是自然史的一部分，根据埃及的传说，当时所有的神灵都以动物的形象出现。人类分成为若干特定的动物种属，决定他们之间的联系的不是平等，而是不平等，法律所确定的不平等。不自由的世界要求不自由的法，因为这种动物的法是不自由的体现，而人类的法是自由的体现。封建制度就其最广泛的意义来说，是精神的动物王国，是被分裂的人类世界，它和有区别的人类世界相反，因为后者的不平等现象不过是平等的色彩折射而已。在实行单纯的封建制度的国家即实行等级制度的国家里，人类简直是按抽屉来分类的，那里伟大圣者（即神圣的人类）的高贵的、彼此自由联系的肢体被割裂、隔绝和强行拆散，因此，在这样的国家里我们也发现动物崇拜，即原始形式的动物宗教，因为人总是把构成其真正本质的东西当作最高的本质。动物实际生活中表现出来的唯一的平等，是特定种的动物和同种的其他动物之间的平等；这是特定的种本身的平等，但不是类的平等。动物的类本身只在不同种动物的敌对关系中表现出来，这些不同种的动物在相互的斗争中显露出各自特殊的不同特性。自然界在猛兽的胃里为不同种的动物准备了一个结合的场所、彻底融合的熔炉和互相联系的器官。在封建制度下也是这样，一种人靠另一种人为生，而最终是靠那种像水螅一样附在地上的人为生，后一种人只有许多只手，专为上等人攀摘大地的果实，而自身却靠尘土为生；因为在自然的动物王国，是工蜂杀死不劳而食的雄蜂，而在精神的动物王国恰恰相反，是不劳而食的雄蜂杀死工蜂——用劳动把它们折磨死。当特权者不满足于制定法而诉诸自己的习惯法时，他们所要求的并不是法的人类内容，而是法的动物形式，这种形式现在已丧失其现实性，变成了纯粹的动物假面具。

贵族的习惯法按其内容来说是同普通法律的形式相对立的。它们不能具有法律的形式，因为它们是无视法律的形态。这些习惯法按其内容来说是同法律的形式即通用性和必然性的形式相矛盾的，这也就证明，它们是习惯的不法行为，因此，决不能违反法律而要求这些习惯法，相反，应该把它们当作同法律对立的东西加以废除，甚至对利用这些习惯法的行为还应根据情况给以惩罚。要知道，一个人的行为方式并不因为已成为他的习惯就不再是不法行为，正如强盗儿子的抢劫行为并不能因为他的特殊家风而被宽恕一样。如果一个人故意犯法，那么就应惩罚他这种明知故犯；如果他犯法是由于习惯，那就应惩罚他这种不良习惯。在实施普通法律的时候，合理的习惯法不过是制定法所认可的习惯，因为法并不因为已被确认为法律而不再是习惯，但是它不再仅仅是习惯。对于一个守法者来说，法已成为他自己的习惯；而违法者则被迫守法，纵然法并不是他的习惯。法不再取决于偶然性，即不再取决于习惯是否合理；恰恰相反，习惯所以成为合理的，是因为法已变成法律，习惯已成为国家的习惯。

因此，习惯法作为与制定法同时存在的一个特殊领域，只有在法和法律并存，而习惯是制定法的预先实现的场合才是合理的。因此，根本谈不上特权等级的习惯法。法律不但承认他们的合理权利，甚至经常承认他们的不合理的非分要求。特权等级没有权利预示法律，因为法律已经预示了他们的权利可能产生的一切结果。因此，他们坚持要求习惯法，只不过是要求提供能够得到小小乐趣的领地，目的是要使那个在法律中被规定出合理界限的内容，在习惯中为超出合理界限的怪癖和非分要求找到活动场所。

然而，贵族的这些习惯法是同合理的法的概念相抵触的习惯，而贫民的习惯法则是同实在法的习惯相抵触的法。贫民的习惯法的内容并不反对法律形式，它反对的倒是自己本身的不定形状态。法律形式并不同这一内容相抵触，只是这一内容还没有具备这种形式。只要稍加思考，就能看出开明的立法是如何片面地对待并且不得不这样对待贫民的习惯法，各种不同的日耳曼法可以看作是这些习惯法的最丰富的源泉。

各种最自由的立法在私法方面，只限于把已有的法表述出来并把它们提升为普遍的东西。而在没有这些法的地方，它们也不去加以制定。它们取消了各种地方性的习惯法，但是忘记了各等级的不法行为是以任意的非分要求的形式出现的，而那些等级以外的人的法是以偶然让步的形式出现的。这些立法对于那些既有法而又有习惯的人是处理得当的，但是对于那些没有法而只有习惯的人却处理不当。这些立法只要认为任意的非分要求具有合理的法理内容，它们就把这些要求变成合法的要求；同样，它们也应该把偶然的让步变成必然的让步。我们可以举一个例子，即修道院的例子来说明这一点。修道院被废除了，它们的财产被收归俗用了，这样做是正确的。但是另一方面，贫民过去从修道院那里得到的偶然救济并没有被任何其他具体的收入来源所代替。当修道院的财产变成私有财产时，修道院得到了一定的赔偿；但是那些靠修道院救济过活的贫民并没有得到任何赔偿。不仅如此，还为贫民设置了新的限制，切断了他们同旧有的法的联系。在所有把特权变成法的过程中都曾有过这种现象。这种对法的滥用行为的肯定方面，就它把某一方面的法变成偶然而言，也是一种对法的滥用行为；现在人们把这种肯定方面取消了，但取消的办法不是把偶然变成必然，而是把偶然弃置不顾。

这些立法必然是片面的，因为贫民的任何习惯法都基于某些财产的不确定性。由于这种不确定性，即不能明确肯定这些财产是私有财产，也不能明确肯定它们是公共财产，它们是我们在中世纪一切法规中所看到的那种私法和公法的混合物。立法借以了解这种二重形式的器官就是理智；理智不但本身是片面的，而且它的重要的职能就是使世界成为片面的，这是一件伟大而惊人的工作，因为只有片面性才会从无机的不定形的整体中抽出特殊的东西，并使它具有一定形式。事物的性质是理智的产物。每一事物要成为某种事物，就应该把自己孤立起来，并成为孤立的东西。理智把世界的每项内容都纳入固定的规定性之中，并把流动的东西固定化，从而就产生了世界的多样性，因为没有许多的片面性，世界就不会是多面的。

因此，理智取消了财产的二重的、不确定的形式，而采用了在罗马法中有现成模式的抽象私法的现有范畴。立法的理智认为，对于较贫苦的阶级来说，它取消这种不确定的财产所负的责任是有道理的，尤其是因为它已取消了国家对财产的特权。然而它忘记了，即使纯粹从私法观点来看，这里也存在两种私法：占有者的私法和非占有者的私法，更何况任何立法都没有取消国家对财产的特权，而只是去掉了这些特权的偶然性质，并赋予它们以民事的性质。但是，如果说一切中世纪的法的形式，其中也包括财产，从各方面来说都是混合的、二元的、二重的，理智有理由用自己的统一原则去反对这种矛盾的规定，那么理智忽略了一种情况，即有些所有物按其本质来说永远也不能具有那种预先被确定的私有财产的性质。这就是那些由于它们的自然发生的本质和偶然存在而属于先占权范围的对象，也就是这样一个阶级的先占权的对象，这个阶级正是由于这种先占权而丧失了任何其他财产，它在市民社会中的地位与这些对象在自然界中的地位相同。

我们将会看到，作为整个贫苦阶级习惯的那些习惯能够以可靠的本能去理解财产的这个不确定的方面，我们将会看到，这个阶级不仅感觉到有满足自然需要的欲望，而且同样也感到有满足自己正当欲望的需要。枯枝就是一个例子。正如，蜕下的蛇皮同蛇已经不再有有机联系一样，枯枝同活的树也不再有有机联系了。自然界本身仿佛提供了一个贫富对立的实例：一方面是脱离了有机生命而被折断了的干枯的树枝树权，另一方面是根深叶茂的树和树干，后者有机地同化空气、阳光、水分和泥土，使它们变成自己的形式和生命。这是贫富的自然表现。贫民感到与此颇有相似之处，并从这种相似感中引伸出自己的财产权；贫民认为，既然自然的有机财富交给预先有所谋算的所有者，那么，自然的贫穷就应该交给需要及其偶然性。在自然力的这种活动中，贫民感到一种友好的、比人类力量还要人道的力量。代替特权者的偶然任性而出现的是自然力的偶然性，这种自然力夺取了私有财产永远也不会自愿放手的东西。正如富人不应该要求得到大街上发放的布施一样，他们也不应该要求得到自然界的这种布施。但是，贫民在自己的活动中已经发现了自己的权利。人类社会的自然阶级在捡拾活动中接触到自然界自然力的产物，并把它们加以处理。

那些野生果实的情况就是这样，它们只不过是财产的十分偶然的附属品，这种附属品是这样的微不足道，因此它不可能成为真正所有者的活动对象；捡拾收割后落在地里的谷穗以及和诸如此类的习惯法也是这样。

由此可见，在贫苦阶级的这些习惯中存在着合乎本能的法的意识，这些习惯的根源是实际的和合法的，而习惯法的形式在这里更是合乎自然的，因为贫苦阶级的存在本身至今仍然只不过是市民社会的一种习惯，而这种习惯在有意识的国家制度范围内还没有找到应有的地位。

……

私人利益的空虚的灵魂从来没有被国家观念所照亮和熏染，它的这种非分要求对于国家来说是一个严重而切实的考验。如果国家哪怕在一个方面降低到这种水平，即按私有财产的方式而不是按自己本身的方式来行动，那么由此直接可以得出结论说，国家应该适应私有财产的狭隘范围来选择自己的手段。私人利益非常狡猾，它会得出进一步的结论，把自己最狭隘和最空虚的形态宣布为国家活动的范围和准则。因此，且不说国家受到的最大屈辱，这里会得出截然相反的结果，有人会用同理性和法相抵触的手段来对付被告；因为高度重视狭隘的私有财产的利益就必然会转变为完全无视被告的利益。既然这里明显地暴露出私人利益希望并且正在把国家贬为私人利益的手段，那么怎能不由此得出结论说，私人利益即各个等级的代表希望并且一定要把国家贬低到私人利益的思想水平呢？任何现代国家，无论它怎样不符合自己的概念，一旦遇到有人想实际运用这种立法权利，都会被迫大声疾呼：你的道路不是我的道路，你的思想不是我的思想！

——摘自《马克思恩格斯全集》第 1 卷，人民出版社 1995 年版，第 248—262 页。

五、《区乡制度改革和〈科隆日报〉》（1842 年 11 月）

1842 年 11 月，马克思发表了《区乡制度改革和〈科隆日报〉》，针对城市的区和农村的乡是否应分开的问题，分析了实际中应该实现城乡平等，这样才符合权利平等的法律价值。马克思认为法律只能是现实在观念上的有意识的反映，只能是实际生命力在理论上的自我独立的表现，脱离实际制定的法律是无效的。

18 世纪 90 年代，普鲁士莱茵省建立了新的区乡制度，城市的区和农村的乡在法律上地位平等。但是，随着 1815 年普鲁士统治地位的确定，政府和封建贵族企图废除区和乡的平等权利，以恢复贵族势力的特权。《莱茵报》从 8 月至 12 月发表了一系列反对实施普鲁士的等级原则、扩大封建贵族特权、维护区乡权利平等的文章和通讯。然而，在这场辩论中，《科隆日报》从 10 月中旬开始，连篇累牍地发表文章针对《莱茵报》的观点和论证，攻击区乡权利平等。对此，马克思在《莱茵报》上发表文章予以反驳。

☞ 经典原文片段

《莱茵报》提出了城市和农村权利平等的口号，而《科隆日报》接受这个口号是带有小心谨慎的条件的：我们把"权利平等"理解为各种权利的平等，而不是共产主义的梦想。《莱茵报》在发表柏林消息的同时，向莱茵省各家报纸的信念发出了呼吁，而《科隆日报》却进行告密，说《莱茵报》对陛下的意图表示担心。《莱茵报》曾要求我省各报编辑部为了祖国捐弃个人考虑和以往成见，而《科隆日报》则作出某种空泛的、不说明任何理由的对城市和农村权利平等的承认，而这种承认的表面价值又由于它声称城市和农村"分开"就是权利平等的一种"形式"而被它自己取消了。还能有比这样写文章更不合逻辑、更没有骨气、更悲惨的吗？还能有比这更明显地在嘴上喊自由而心里却反对自由的吗？不过，《科隆日报》知道莎士比亚有一句名言：

"嗯，先生，在这世上，一万个人中间只不过有一个老实人。"

而《科隆日报》没有受诱惑去做这种一万个人中间的一个。

最后，关于"城市和农村分开"再说几句话。甚至撇开一般理由不说，法律只能是现实在观念上的有意识的反映，只能是实际生命力在理论上的自我独立的表现。在莱茵省，城市和农村实际上并没有分开。因此，除非法律宣布它自己无效，否则，它便不能颁布这种分开的法令。

——摘自《马克思恩格斯全集》第 1 卷，人民出版社 1995 年版，第 313—314 页。

六、《摩泽尔记者的辩护》（1843年1月）

1843年1月马克思在《莱茵报》上发表了《摩泽尔记者的辩护》。这篇文章也被认为是马克思关于调查研究的开篇之作，表明了马克思在青年时代就逐步确立起为受苦难的下层民众代言的鲜明立场。文章通过指出摩泽尔河地区葡萄种植者的普遍贫困成为官僚阶层眼中的假问题，其要害在于官僚阶层把自身的利益上升为政府利益，并以政府力量对抗葡萄种植者这一状况，论述了决定法律的客观关系是法律的基础这一观点。

《摩泽尔记者的辩护》是马克思离开《莱茵报》前发表的最后的战斗檄文。1842年12月，《莱茵报》发表了报纸驻摩泽尔地区记者彼·科布伦茨（署名两个"＋"字）写的一组反映摩泽尔地区种植葡萄农民生活贫困的通讯。省总督冯·沙培尔指责这些通讯歪曲事实，诽谤政府。为答复沙培尔的指责，马克思在仔细分析了各种材料，对摩泽尔河沿岸地区居民生活状况进行深入调查研究的基础上，写下《摩泽尔记者的辩护》来驳斥沙培尔的指责。长期以来，国内有学者认为在《摩泽尔记者的辩护》中出现了唯物主义观点的萌芽。

☞经典原文片段

人们在研究国家状况时很容易走入歧途，即忽视各种关系的客观本性，而用当事人的意志来解释一切。但是存在着这样一些关系，这些关系既决定私人的行动，也决定个别行政当局的行动，而且就像呼吸的方式一样不以他们为转移。只要人们一开始就站在这种客观立场上，人们就不会违反常规地以这一方或那一方的善意或恶意为前提，而会在初看起来似乎只有人在起作用的地方看到这些关系在起作用。一旦证明这些关系必然会产生某个事物，那就不难确定，这一事物在何种外在条件下必定会现实地产生，在何种外在条件下即使已经有了需要，它也不可能产生。人们在确定这种情况时，几乎可以像化学家确定某些具有亲和力的物质在何种外在条件下必定会合成化合物那样，做到准确无误。因此我们认为，只要我们证明了自由报刊的必要性是从摩泽尔河沿岸地区的贫困状况的特性中产生的，我们就为我们的叙述打下了超出任何人的因素范围的基础。

摩泽尔河沿岸地区的贫困状况不能看作是一种简单的状况。我们至少必须始终分清两个方面，即私人状况和国家状况，因为不能认为摩泽尔河沿岸地区的贫困状况和国家管理机构无关，正如不能认为摩泽尔河沿岸地区位于国境之外一样。只有这两个方面的相互关系才构成摩泽尔河沿岸地区的现实状况。为了说明这种关系的存在方式，我们要介绍一下双方的相应机构所进行的一次确有其事的、有文件为证的商谈情况。

……

那么，管理机构同摩泽尔河沿岸地区的贫困状况有什么关系呢？摩泽尔河沿岸地区的贫困状况同时也就是管理工作的贫困状况。国家中某一地区的经常性的贫困状况（如果一种贫困状况十多年前就已经在几乎不为人所觉察的情况下出现，起初是逐渐地，后来则不可阻挡地向登峰造极的地步发展，而且正在以日益扩大之势不断加剧，那么，这种贫困状况确实可说是经常性的）体现了现实和管理原则之间的矛盾，正如不仅人民而且政府也都把某一地区的富裕状况视为管理得当的实际证明一样。但是管理机构由于自己的官僚本质，不可能在管理工作范围内，而只能在处于管理工作范围之外的自然的和市民私人的范围内发现造成贫困的各种原因。即使行政当局怀有最善良的意图、最热忱的博爱精神和最高超的智力，它也不可能解决那些并不是转眼之间就会消逝的冲突，即存在于现实和管理原则之间的那种经常性的冲突，因为这并不是行政当局职责范围内的任务，而且，即使行政当局怀有最善良的意图，也不可能消除一种本质的关系，或者也可以说，消除一种厄运。这种本质的关系就是既存在于管理机体自身内部、又存在于管理机体同被管理机体的联系中的官僚关系。

　　另一方面，种植葡萄的私人也同样无法否认，他们在下判断时可能有意或无意地受到了私人利益的影响，因而也就不能无条件地认为他们的判断具有真实性。他们也会认识到，在国内有许多私人利益正在受到损害，而人们不可能为了维护这些私人利益就放弃或修改总的管理原则。其次，如果被管理者断言某种贫困状况带有普遍的性质，断言富裕状况正以这样一种方式并在这样一种范围内受到威胁，以至私人的苦难正在变成国家的苦难，而消除这种苦难又正在变成国家对它自身所负的一种责任，那么这种论断在管理机构面前就显得不适当了，因为管理机构能够比谁都正确地判断国家的福利在多大程度上受到了威胁，因而必须承认，管理机构对整体和整体中的各个部分之间的关系的认识，要比这些部分本身对这种关系的认识更加深刻。此外还必须补充一点，个人，甚至数量很多的个人，都不能把自己的呼声说成人民的呼声，相反，他们的陈述总是带有私人申诉书的性质。最后，即使进行申诉的私人的信念表达了整个摩泽尔河沿岸地区的信念，作为管理机构属下的个别部分和国家的个别部分的摩泽尔河沿岸地区本身，对于自己所属的省和国家说来也只占有一个私人的地位，而私人的信念和愿望首先应该用普遍的信念和普遍的愿望来加以衡量。

这样，为了解决这种困难，管理机构和被管理者都同样需要有第三个因素，这个因素是政治的因素，但同时又不是官方的因素，这就是说，它不是以官僚的前提为出发点；这个因素也是市民的因素，但同时又不直接同私人利益及其迫切需要纠缠在一起。这个具有公民头脑和市民胸怀的补充因素就是自由报刊。在报刊这个领域内，管理机构和被管理者同样可以批评对方的原则和要求，然而不再是在从属关系的范围内，而是在平等的公民权利范围内进行这种批评。"自由报刊"是社会舆论的产物，同样，它也制造社会舆论，唯有它才能使一种特殊利益成为普遍利益，唯有它才能使摩泽尔河沿岸地区的贫困状况成为祖国普遍关注和普遍同情的对象，唯有它才能使大家都感觉到这种贫困，从而减轻这种贫困。

报刊是带着理智，但同样也是带着情感来对待人民生活状况的；因此，报刊的语言不仅是超脱各种关系的明智的评论性语言，而且也是反映这些关系本身的充满热情的语言，是官方的发言中所不可能有而且也不允许有的语言。最后，自由报刊不通过任何官僚中介，原原本本地把人民的贫困状况反映到御座之前，反映给这样一个当权者，在这个当权者面前，没有管理机构和被管理者的差别，而只有不分亲疏的公民。

这样一来，既然自由报刊由于摩泽尔河沿岸地区的特殊的贫困状况而成为必要，既然对自由报刊的需要是实际的需要，因而在这里特别迫切，那么，看来并不是由于对报刊进行了特殊限制，才产生这种需要；恰恰相反，本来就应当实行特殊的新闻出版自由，以便满足已经出现的需要。

——摘自《马克思恩格斯全集》第 1 卷，人民出版社 1995 年版，第 363—378 页。

后　记

　　一直以来，深入开展法学理论研究，理清马克思主义法学理论的脉络，洞悉马克思本人伟大法学理论的基本原理，就是我为自己设定的学术目标。近几年，我以马克思主义经典作家的法学理论作为切入点，结合中国特色社会主义法治的现实，发表了系列关于马克思主义法学理论方面的文章，形成了一些思想观点，也越来越发现对马克思主义法学理论的研究，尤其是对马克思本人经典文献的通俗化、大众化解读，是一个非常有意义的选题。

　　谈及马克思主义的经典文本，传世之作众多。在法学方面，马克思本人的《黑格尔法哲学批判》最为经典，但是我更想品读拥有法律专业学位的青年马克思毕业后第一份工作的成果，即担任《莱茵报》编辑时期所写政论文章所呈现的法学思想。马克思本人出生在一个律师家庭，其父亲是一位才能出众的律师。马克思大学阶段攻读法学，后来还获得哲学博士学位。毕业后不久就担任《莱茵报》主编，此时他又对政治产生了浓厚的兴趣。拥有法律专业背景的青年马克思对生活和事业都充满热情。他此时的文章体现了怎样的法学思想？为后来的马克思主义法学理论奠定了怎样的基础？对依法治国的新时代又有什么借鉴价值？这些问题就是吸引我写作此书的初衷。可以说，马克思的青年时代是他宝贵思想宝藏的形成之时，他在《莱茵报》上发表的系列政论文章标志着他法学思想的萌芽。《莱茵报》时期也被认为是整个马克思主义法学思想理论的启蒙阶段。

写作过程中，为了保证严谨规范，我阅读并研究了《马克思恩格斯全集》（第一卷）中的相关原文，并查阅了大量法理学前辈的解读性作品，反复推敲思考其中的法学思想，让自己置身于青年马克思当时所处的普鲁士王国的政治经济及社会现实中，以最接近他的仿真模式开启了我所理解的青年马克思的法学启蒙之路，并深深地被他睿智的思想打动，仿佛看到了他以笔为枪，为穷人、为自由而呐喊的身影。

希望本书的思想内容能够浸染我国新时代法治建设的现实，并能延续《经典悦读系列丛书》一以贯之的"思想照映现实、深刻而又生动"的风格。

赵金英

2022 年 3 月于广州花都